1分で見抜け!

顔やしぐさでわかる本当の性格

池袋絵意知

明日香出版社

はじめに

「人間関係」で悩んだことはありませんか？


どんなにＩＴ化が進んでも、仕事をする上で必ず発生するのが人間関係です。

そして、多くの人は、仕事相手（職場の同僚や上司、お客さま、取引先担当者など）を選べません。

現代人の悩みは、人間関係からくることが多く、「人間関係をよくする」ことは、働く人にとって最大のテーマです。

あるアンケートによると、「人間関係が理由で退職を検討したことがあるのは約６割」もあるそうです※。

この本を手にしたあなたは、おそらくこんなことを考えているのではないでしょうか。

「人間関係がうまくいかない」

「人づき合いが苦手」

「もっと上手にコミュニケーションがとれるようになりたい」

※日本労働調査組合が２０２１年に実施した「職場の人間関係に関するアンケート」

この本は、人間が好きなのに、人間関係で悩んでいて、もっといい人間関係を築きたい人のために書きました。
第一印象が外れたり、人にだまされたりするのには、いくつかの理由があります。

見抜くための知識が偏っている、足りない、間違っている。
「好き、嫌い」という感情で判断しがち。
実像よりもよく見ようとしている。
見抜く経験が少ない。

さらに深く掘り下げていくと、

見ている相手が偏っているので、見抜ける人と見抜けない人がある。
人間の特性を理解していないので、トリックに引っかかる。

人間は非常に複雑な生き物です。

まず「**人間は外見や言葉によって自分をよく見せようとする生き物**」であると理解することが大切です。

私たち人間は「こうありたい自分」「相手からこう見られたい自分」「こう見られたくない自分」というものを演じます。

しかし、いくら着飾ったり、話術に長けていたり、演技が上手くても、**顔ではウソをつけません**。

なぜなら、顔にはその人が持って生まれた気質、そして、生まれてから今までの感情の蓄積が刻まれているからです。

私たちの「顔」は、「**天顔**（DNAによって決まる顔）」と「**命顔**（命を運んでいるうちに自分で作ってきた顔）」から成り立っています。

人間の顔には、その人の性格や特性がすべて描かれているのです。

人間は、言葉ではウソをつくことができても、表情には本心が現れます。
その本心（表情）を隠そうとすると、しぐさなど別の部分から本心が現れるのです。

申し遅れました。

観相家、顔研究家、顔面評論家として活動している池袋絵意知《いけぶくろえいち》と申します。メディアでは「顔相鑑定士」の肩書きで紹介されることが多いので、ご存じの方もいらっしゃると思います。

この本は、私がこれまでに書いた本をベースに、女性にも読んでいただけるよう改良し、さらに、似顔絵アーティスト業界第1位の実績を誇る「星の子プロダクション」さんの協力により、イラストを大幅に追加して、顔やしぐさの見方をわかりやすく解説した本です。

私にはリクルートグループでの11年間の営業職経験があります。その在籍中に「顔と性格」の関係性に気づき、1999年にリクルートを退職し（リクルートでは卒業という）、本格的に顔の研究を開始しました。

古典観相学の本を読み漁ることから始め、日本顔学会での学術的な顔研究（人類学、心理学、社会学、工学、美容、似顔絵など）の知見に触れ、日々、自分なりの観相学を構築しているうちに、四半世紀の25年が経っていました。

私が営業職時代に培った「実践的な顔から性格を見抜くカン」、観相学の各流派（古代中国から続く観相学、人相占い）、西洋の顔相学（フェイスリーディング、相貌心理学）の検証、そして、学術的な顔研究のエッセンスを加え、コミュニケーションに活かせる内容にまとめています。

その点が、他の「人相本」や「〝コミュ力〟アップ本」とは違います。

西洋では古代ギリシャ、古代ローマの時代から、顔から性格を読む「人相学」が研究されていました。ルネサンス時代のレオナルド・ダ・ヴィンチもまた、顔と性格を関連づける「観相学」について研究していました。

「観相学」の歴史は、人類の歴史といっても過言ではありません。

なぜ、人間は顔から相手を判断しようとするのか？

それは、種の保存を目的とした健康的なパートナーを見つけるため、助け合いながら生きていくため、そして、「危険な人」を見抜くためです。

「第3～5章」では、その意味を拡大し、「つき合うべき人」「つき合う上で注意が必要な人」を、顔パーツの組み合わせによって解説しています。

ＡＩ化が急速に進む現代、２０１６年には上海交通大学の研究者らが、〝人工知能が顔相から「犯罪予備軍」見分ける〟研究をし、「精度85％以上で、犯罪者の顔を自動的に推論する技術が有効であることを立証した」と発表しました。

アメリカのノートルダム大学でも、顔写真だけで、信頼に足るか、権威的か、社交的か、などを人工知能に判断させる実験をしています。

少なくともこの本で書いている「～な人の顔」は、現在のＡＩでも判別可能で、極めて近い将来、精度を上げて実用化することも可能でしょう。

そして、スマートフォン、スマートウォッチに続く、ＡＩを搭載したメガネ式のスマートグラスの装着によって、瞬時に相手の性格などを読みとることも可能になります。

しかし、果たしてそれは「人間らしい生き方」といえるでしょうか？

「科学」は「犯罪者を見分ける科学」ではなく「犯罪者を生まない科学」にしなければなりません。私たち人間は、自分で人を見る目を養うことが大切です。そして何より、一人ひとりが「いい顔」になって社会をよくすることが大切だと思います。

また、2020年1月に日本で最初の新型コロナウイルス感染者が確認されて以降、公共の場ではマスクを着用する生活が3年以上も続きました。

これにより、政府の「2023年3月13日以降、マスクの着用は個人の判断」発表後も、女子小中高校生の9割が「人前でマスクを外すことに抵抗がある」という調査結果がありました。

「恥ずかしい」「自分の顔に自信がない」が主な理由。これは一種の「社会不安障害」で、深刻な問題だと思います。

人類は長い歴史において、自分の顔から情報発信をし、相手の顔から情報受信をすることでコミュニケーションを図り、発展してきました。

コロナ禍において、オンライン授業やオンラインミーティングが一気に普及しましたが、人間の感性は、生身の人間の顔（姿）を見ることで磨かれます。

本書をきっかけに、多くの人が人間に興味を持って、お互いが顔を見せ合う「人間らしい生き方」をする未来になることを願っています。

顔を見ることを一緒に楽しみましょう。

そして、人間関係に疲れたときに、また読み返してくれると嬉しいです。

池袋絵意知

もくじ

第2章　ヘアメイク・顔の特徴で見抜く

第3章 仕事力を見抜く

第4章　コミュニケーション力を見抜く

第5章　恋愛力・結婚力を見抜く

第6章 表情・しぐさで人を見抜く

カバー・本文デザイン：藤塚尚子（etokumi）
カバーイラスト：福田玲子
本文イラスト：しまむえりも（星の子プロダクション）
：なかいあやの（星の子プロダクション）
：高倉貴宏
著者似顔絵：小河原智子（星の子プロダクション）

序章

顔から人を見抜く、とは

「顔」はその人の履歴書で個人情報の宝庫

顔で人を見抜くためには、まず「顔」について理解しなければなりません。人間にとって顔とは何なのでしょうか？
それを端的に表現する言葉があります。

顔とは本来、全身の先端にあって、ものを食べる口を中心とした部分に、いくつかの感覚器がそなわったところであったが、人間では、顔は人格をあらわす器官となってしまった。そして、表情という手段で、顔は心の動きを示し、その時の精神状態や、次の動きを他者に伝えるものである

人間のアイデンティティ（自己同一性）は、顔のなかにまずあらわれる。それだけに、顔はたんなる名札のような個人確認のための道具ではなく、それ以上の実体である

（香原志勢『顔の本』、中央公論社より）

※香原志勢＝人類学者・日本顔学会初代会長

感情を示す顔

人間以外の動物にとって「顔」とは、食べるための口を中心に、目や鼻や耳といった感覚器によって情報を収集するためのものです。

ところが社会生活を営む人間は、顔の表情を作ることによって、自らの心の動きを他者に発信し、他者の心の動きを受信することで共存共栄してきました。

表情とは読んで字のごとく、情が顔の表面に表れることを意味します。

人間はお互いが**顔を使って自分の心を表現し、顔を使って他者とコミュニケーションすることで進化してきた**のです。

顔から相手が何者（男か女か、誰か、何歳か）であるかを受信し、自分の顔によって自分が何者であるかを発信しています。顔から相手の現在の状況（喜怒哀楽、健康状態、年齢）がどうかという情報を受信し、自分の顔によって自分の現在の状況を発信しています。

私たち人間は、目と鼻と口と輪郭といった「顔」の形だけでそれが誰であるかを見分けられ、「顔」の表情だけで怒っているか、喜んでいるかを判断できるのです。

普段は意識して考えないことですが、これは驚くべき能力です。

内面を映し出す顔

また、人間の顔は表情の蓄積によってどんどん変わっていきますので、その人の生活やそれまでの人生が記録されます。

これによって人間は、お互いがどういう性格・性質の人間であるかという情報を受発信しているのです。つまり人間の顔は単に感覚器の集まったものではなく、顔面（外見）によって内面を映し出す鏡になったのです。

顔はＩＤカード以上の「本人の証明」です。

ＩＤを証明する運転免許証やパスポートに必ず「顔」写真があることからも明らかですが、運転免許証やパスポートは顔写真を偽造することはできても、「顔」そのものは、いくら整形の技術が進歩したからといっても、私の顔をメッシの顔に、または芦田愛菜の顔にといったような、全く別の顔に偽造することはできないのです。

0歳
やんちゃな
5歳
サッカー漬けの
中・高生活
遊びまくった
大学時代
28歳の
今の顔に
ニッ

このように顔はその人自身を表すものなので、人間は「なぜ自分はこの顔で生まれてきたのだろう?」「なぜ自分の顔と他人の顔は違うのだろう?」と思い始めるころからだんだん自我に目覚めていきます。

他人の顔から相手の人格を読みとろうとするように、他人と自分の顔を比較して自分がどんな印象で見られているかを考えます。

人間は一人では生きていけないように、顔から周りの人を認識し、自分の顔から自分がどんな人なのかを認識しているのです。

その認識の仕方によって、その人の生き方や社会との関わり方が決まってきます。

顔は本人の顔だけでなく他人の顔も含めて、その人の人間形成、人格形成に大きく影響するのです。

顔は顔の持ち主の人格を表しているのです。

顔は、**先天的な「DNAによる顔と性格」**というのがまずあるのですが、**人間の顔と性格は後天的に大きく変化**します。

いつも口角を上げてスマイルが多い人はポジティブで明るい性格になりますし、いつも眉間にシワを寄せて眉と目をつり上げている人は、人の言うことを聞かない、他人の考えを受け入れないようになります。

その表情がどんどん蓄積されて顔を作ります。その人の履歴書のように顔に描かれていきます。

普段「どういう表情をして生きてきたか？」が顔には表れているので、その人の顔から性格の傾向がわかるのです。

顔を読むよりも、顔から感じることの大切さ。

世の中にはいろんな顔の人がいます。見た瞬間にとても個性的なパーツがあったり、位置関係が標準的ではない場合でも魅力的に感じることもあれば、その逆に不快に感じる場合もあります。

魅力に感じるということは、アンバランスに見えてバランスがとれているのであり、不快に感じるというのは「何かおかしいぞ」と脳が勝手に判断しているのです。

顔はイメージに大きく左右されるものです。

みなさんも、指名手配犯の写真を見ると「悪い顔に見える」と思います。

「最初から悪い人だというイメージを持って見るから、悪い顔に見える」というのは確かにあるのです。

私は「顔の色形から相手の性格・本質を読みとる観相学」を専門にしていますが、そのいっぽうでこの顔はイメージであることも、一般の人以上に理解しています。

私は人に会うときに、みないい人だと思って接するので、みないいイメージを持ち、みないい人だと思って生きてきました。

これは「観相学」を研究してからも同じで、先に悪い部分が目についても、いい部分を見つけ、いいイメージを持って接するように心がけてきました。

そうして体験してきた結果として、最初に感じた、最初に目についた悪い部分が、あとあと現象として強く表れることが多いのです。

初めから悪い人と先入観を持って見てはいけませんが、感じたときはその感じたことを大事にして、距離を置いたり、関わらないようにすることは大切です。

観相家だからといって、私が毎回、会う人会う人の顔を事細かに観察しているわけではありません。

みなさんも、**顔パーツが持つ意味よりも、顔から感じることを大切にして生活してください。**

私たち生活者（人間）にとって「顔」は、考えるよりも感じることのほうが重要なのです。

顔から人を見抜くための7箇条。

顔を読む「顔相」は人間関係をよくするためのものですが、使い方によっては人間関係を悪くしてしまうこともあります。

また、なまじっか「顔相」の知識があることによって、逆に正しく見抜くことの妨げになる場合もあります。

間違った判断をしないために「顔から人を見抜くための7箇条」を紹介します。

①決めつけない。

「顔」からその人の性格が100％わかるわけではない。
あくまでも傾向なので▲▲だから△△と決めつけるな。
「この人はこう」と決めつけてコミュニケーションするのが失敗の元。

いくら極端な顔＝極端な性格の持ち主でも、必ず逆の面があるのが人間です。人間の顔は、どんなに似た顔でも一人ひとり微妙に違うように、人の性格は一人ひとり微妙に違うので、一概にこの顔はこのタイプと完全に決めつけることはできません。本書に書かれていることは、あくまでも顔に色濃く表れる特徴で分類しているにすぎません。

②長所は短所。短所は長所。
顔の特徴＝性格の特徴は、長所にもなれば短所にもなることを忘れるな。
性格には一長一短がある。その性格が場面によって有利にはたらくこともあれば、不利になるケースもある。

個性的な顔の人ほど、その振り幅が激しかったりします。たとえば、社交性の要素が多くありすぎる顔の人だと、お調子者の八方美人だったりもするのです。

③心を無にして観る。
「正しく人を見抜く」ためには、あなた自身のコンディションがよくなければならない。精神的にも肉体的にも健康でいよう。

「顔」は心で観る。無の境地で観てこそ相手の本質が見抜けます。

④ひとつひとつの形にとらわれるな。

パーツの形は、総合的に判断するための材料にすぎない。

「木を見て森を見ず」「鹿を逐う者は山を見ず」ということわざがあるように、ある側面にばかり目が向いてしまって、別の側面を見落としてはならない。全体を見て判断することが大切。

積極性があるのはいいことですが、人間は周りと調和しなければ生きていけずバランスが大事です。どんなに積極的な要素が多い顔でも、バランスが極端すぎる場合は要注意。

⑤いいところを探す。

「顔相」は人間関係をよくするために使うもの。私たち人間は、人と人の間に生きるから「人間」だ。

「顔」は人と人の間に、あなたと相手の間にあるものです。「人とは何か？」を考え、人と人の間（コミュニケーション）を考えて初めて人間がわかります。そのためには多くの人に会い、多くの顔を見ることが大切です。相手（人間）を理解するために、相手の顔のいいところを見るようにしましょう。

⑥今の顔を見よ！
顔は刻一刻と変化する。
前に会ったときはいい顔だったからといって安心しない。

昔はいい顔をしていた人でも、悪くなることがあるのです。変化に気づかないようではいけません。逆に昔会ったときに悪い印象だったり、あまり印象に残っていない顔でも、今がいいと感じたならば、前回は、その人もしくはあなた自身のコンディションがよくなかったのかもしれないのです。初めて会ったつもりで、顔の色や形はもとより、目元（眉を含む）と口元の動きで、心の変化をよく見ましょう。

⑦ 考えるな、感じろ！
顔はぼんやりと見ることが大切。
物理的に「見る」というよりも、感覚的に「感じる」ようにする。

映画『燃えよドラゴン』のなかに「Don't think. FEEL!」というブルース・リーの有名な台詞がありますが、顔もまさに「考えるな、感じろ！」なのです。

第1章

顔の読み方（基本編）

輪郭…持って生まれた性格（気質）がわかる。

輪郭はその人の基本的な性格がわかる部分です。

心理学では「性格（パーソナリティ）の構造」として、中心に「気質」があり、「気質」の外に環境の影響が加わった「狭義の性格」があります。さらにその外に育った家庭や、地域などの社会的な影響を受けた「習慣的性格」。一番外側には職業や、役職を遂行していくうちに身についてくる「役割性格」があるとされています。

「気質」は遺伝的な、持って生まれた素質的な性格で、生涯を通して変化しにくいといわれ、体質と深い関わりがあります。

輪郭（持って生まれた頭蓋骨の形・骨格・筋肉のつき方、脂肪のつき方＝太りやすいかどうかの体質）が遺伝的な要素が強いように、**気質も遺伝的要素が強い**のです。

東洋の古典的な観相学でも「気質」を判断している部分は主に輪郭ですが、たとえば丸顔はおおらかな性格と判断します。

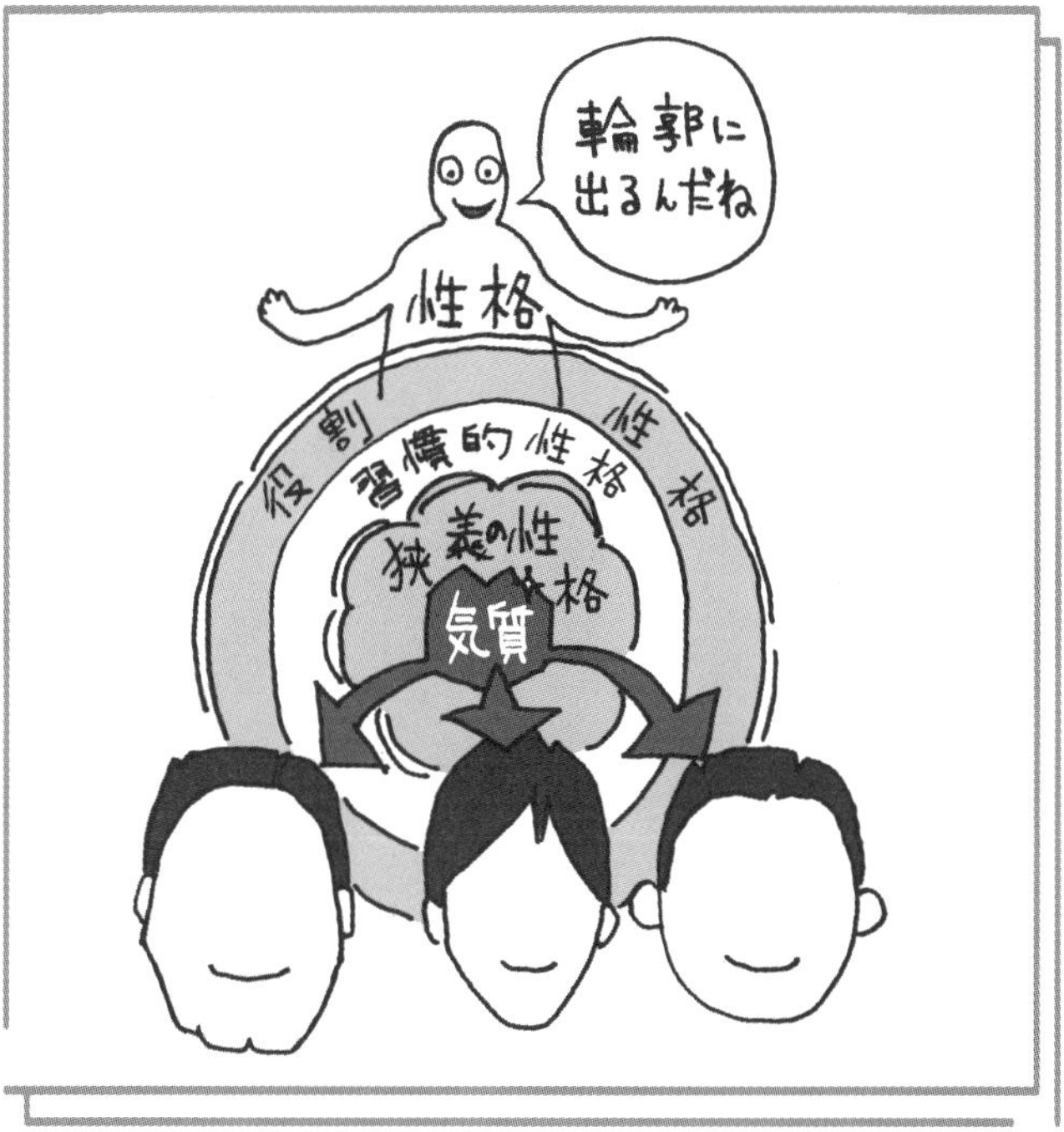
輪郭に
出るんだね
性格
役割性格
習慣的性格
狭義の性格
気質

西洋の顔相学（フェイスリーディング）には、輪郭の形と性格を3つに分類する三形質論があります。

角　形（筋骨質）**…意志が強い、粘り強い、行動的**
逆三角型（心性質）**…感受性が鋭い、神経質、空想的**
丸　形（栄養質）**…おおらか、楽天的、社交的**

というもので、「形態心理学」やフランスでは「相貌心理学」というように心理学の一種として研究されてきました。

ここでも丸顔はおおらかです。

そして世界の地理から見ても、暖かい地域に住む民族は遺伝的に丸っこい顔つきで、性格的にもおおらかだといえます。たとえば、ハワイ島の先住民族であるポリネシア人などは、「丸顔、おおらか」の典型です。ヨーロッパでも鋭角的な顔が多い北欧の人よりも、丸みを帯びた顔が多い南欧の人のほうが陽気です。

つまり、**持って生まれた気質＝輪郭の形**なのです。

「気質」は性格の根本的なものなので変化しにくいものですが、太ったり、痩せたりすることによって少しずつ変わる場合もあります。

一番わかりやすい例として加齢があります。同じ人でも20代よりも40代のほうが顔に肉がついて丸くなり、性格も丸くなるというわけです。

さらに年齢を重ねると、なかには骨っぽい顔になるお年寄りも出てきますが、そういう顔の人は性格もギスギスして「最近の若いモンは」と説教ばかりするような小うるさいジジイになるのです。

輪郭は、基本的には見たままの形で判断すればいいですが、脂肪が乗った部分の下の骨格が、エラが張ってガッシリしていると、「丸形の人だけどベースは角形」というように判断します。

丸みのある顔を見て「人当たりが良さそう」で止まるのではなく、「骨格的には角ばっているから、本質的には頑固で意地っ張り」というように。

額…「熟考型」「即決型」「興味の幅」思考の傾向がわかる。

額からは「熟考型」「即決型」「興味の幅が広い」「ひとつのことに集中」といった考え方や興味・関心の範囲がわかります。

額がタテに広いほど「何でもかんでも考えないと気が済まない熟考型」の傾向があり、逆にタテに狭いと「あまり考えない即決型」の傾向があります。

額のヨコ幅は興味・関心の幅に比例します。**ヨコに広いと好奇心旺盛で幅広い経験や知識を得ようとする**のに対し、狭いと自分が興味を持っている狭い範囲に集中したい傾向があります。

また、ヨコ幅が広いと、自分以外の多くの人についても考えるので、公平に客観的に判断しようとします。いっぽうヨコ幅が狭いと、自分という個で考えるので、主観的に判断する傾向が強いのです。

昔から「額の広い人は頭がいい」といわれます。見た目の印象でも、額が狭い人より広

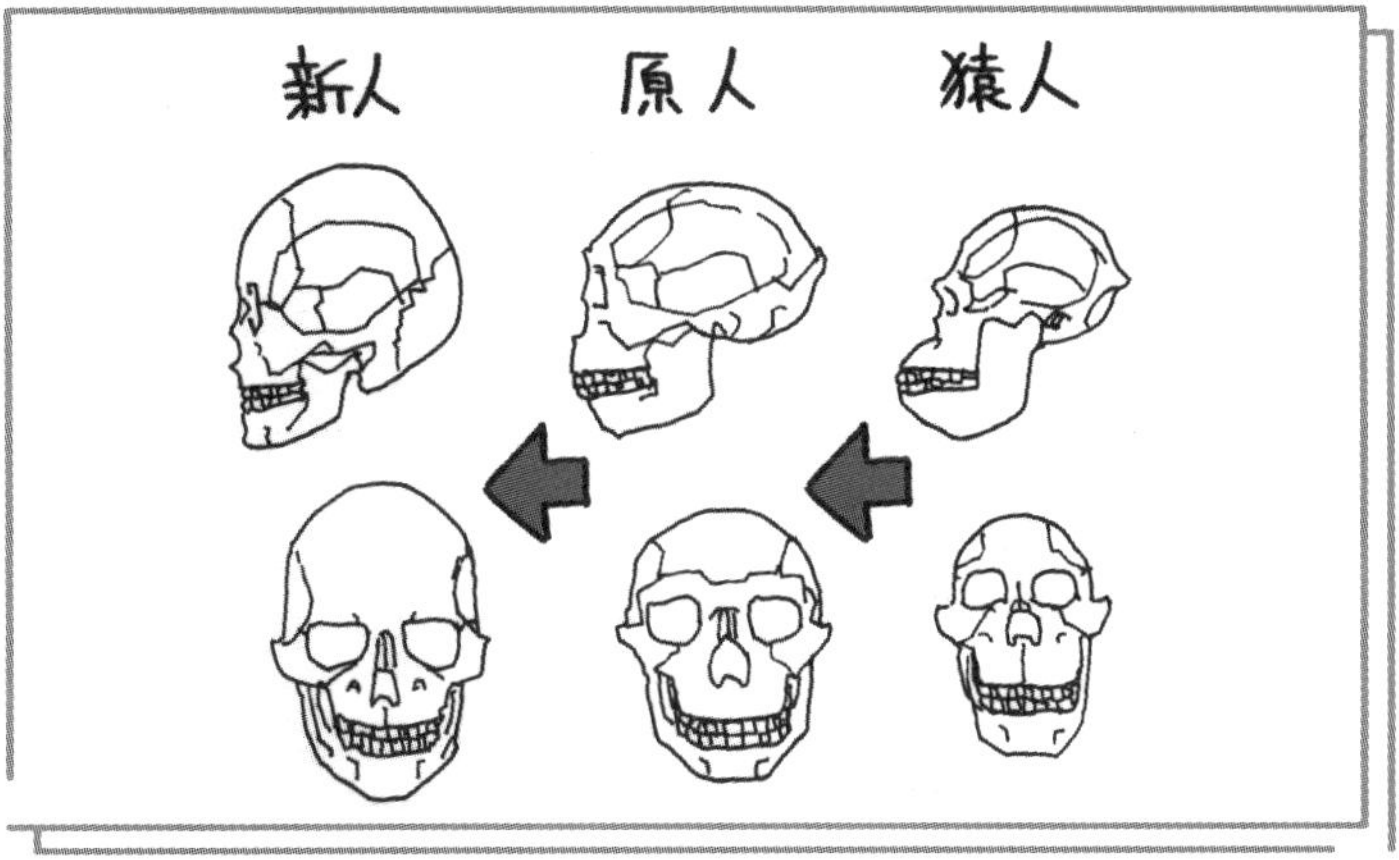

い人のほうが頭がよさそうに見えます。
額と頭のよさとの関係は、単なる俗説や印象の問題でしょうか。

いいえ、**額の広い人ほど頭がいい傾向にある**のは確かです。

ヒトの進化をひもとくと、人間は直立歩行することにより脳（前頭葉）が発達したといわれています。四足歩行の犬や猫の額が斜めなのに対して、人間の額はほぼ垂直。人間が他の動物と大きく違う点は、ここにあります。

前頭葉は思考や判断などをつかさどる場所と考えられていますが、前頭葉をよく使う人ほど前頭葉（＝額）が発達し、額が広くなっていくのです。

つまり、**額が発達しているということは、前頭葉が発達している**のです。

猫と人間の額を比較してみれば一目瞭然。狭いことの例えで「猫の額ほど」という表現があるように、猫より額が広い人間のほうが脳（特に前頭葉）が発達しているのです。

動物のなかでも知能が発達している類人猿と呼ばれるサル（ゴリラ、チンパンジー）→猿人と呼ばれるアウストラロピテクス→ジャワ原人・北京原人→新人（ヒト）と、**人間の額は脳とともに進化してきた**のです。同じ人間でも**額が発達した人のほうが脳が発達している傾向にある**と考えるのが妥当ではないでしょうか。

現代人においては人種も関係ありません。黒人も、東洋人も、ヒスパニック系も、東南アジア系もアングロサクソン系も、頭がいい人ほど額が発達している傾向にあります。

この私の説と似たような説が、19世紀のヨーロッパで流行した「骨相学」にもあったそうです。私が猫と人間の額の角度を比較したように、「顔面角」といって顔をヨコから見た際の耳の穴と鼻のつけ根を結ぶ線と、眉間と鼻のつけ根を結ぶ線との角度によって、その人の頭のよさを判断したのです。

この「顔面角」と頭のよさの関連性は、現代科学では否定されています。それでも私は、額の広さと前頭葉の大きさと頭のよさの関連性は（絶対的なものではなく傾向として）あると考えています。

また、額の広さは、何かをやろうと思ったときにすぐ行動に移すか否かの差にも表れますので、**額から行動力の傾向を見ることもできます。**

頭が短い（額が狭い）動物は目から脳までの神経が短いので反射神経がいい傾向にありますが、人間においても**額が狭ければ狭いほど、思いたったら直感を活かしてすぐに行動する即決タイプ**なのです。

「考えるよりも先に行動しているんじゃないか？」と思うほど行動力があります。ただ裏を返せば、短絡的に行動し、何かにぶつかっては反射的に方向を変える性能の悪い「ロボット掃除機」タイプともいえます。管理職であれば、思いつきの戦略で部下に指示をし、それがうまくいかないとすぐに変更する朝令暮改タイプです。

眉…喜怒哀楽・自意識・社会性がわかる。

眉は人間にしかない独特のものです。人間は直立歩行をし、顔面（額から目にかけて）に毛がないため、汗や雨水、ほこりなどから目を保護する役割として眉があります。

しかし、それ以上に、**眉には眉を動かして顔面の表情を作りコミュニケーションを図るという重要な役割があります。**

人間は目だけではなく眉で表情を作っているわけです。

そして、その表情（＝感情）が性格と眉の角度を作っているのです。

眉は子どもから大人へ育っていく過程での環境や、普段の習慣、いつもよくしている表情によって大きく変わってきます。つまり、**育ち方、生き方によって作られた性格が表れる場所**なのです。

輪郭でわかるのが先天的な性格ならば、眉は後天的な性格がわかる場所といえます。

喜怒哀楽、競争心、警戒心、快い、痛い、熱い、寒い、辛いといった感情が性格と眉を作ります。

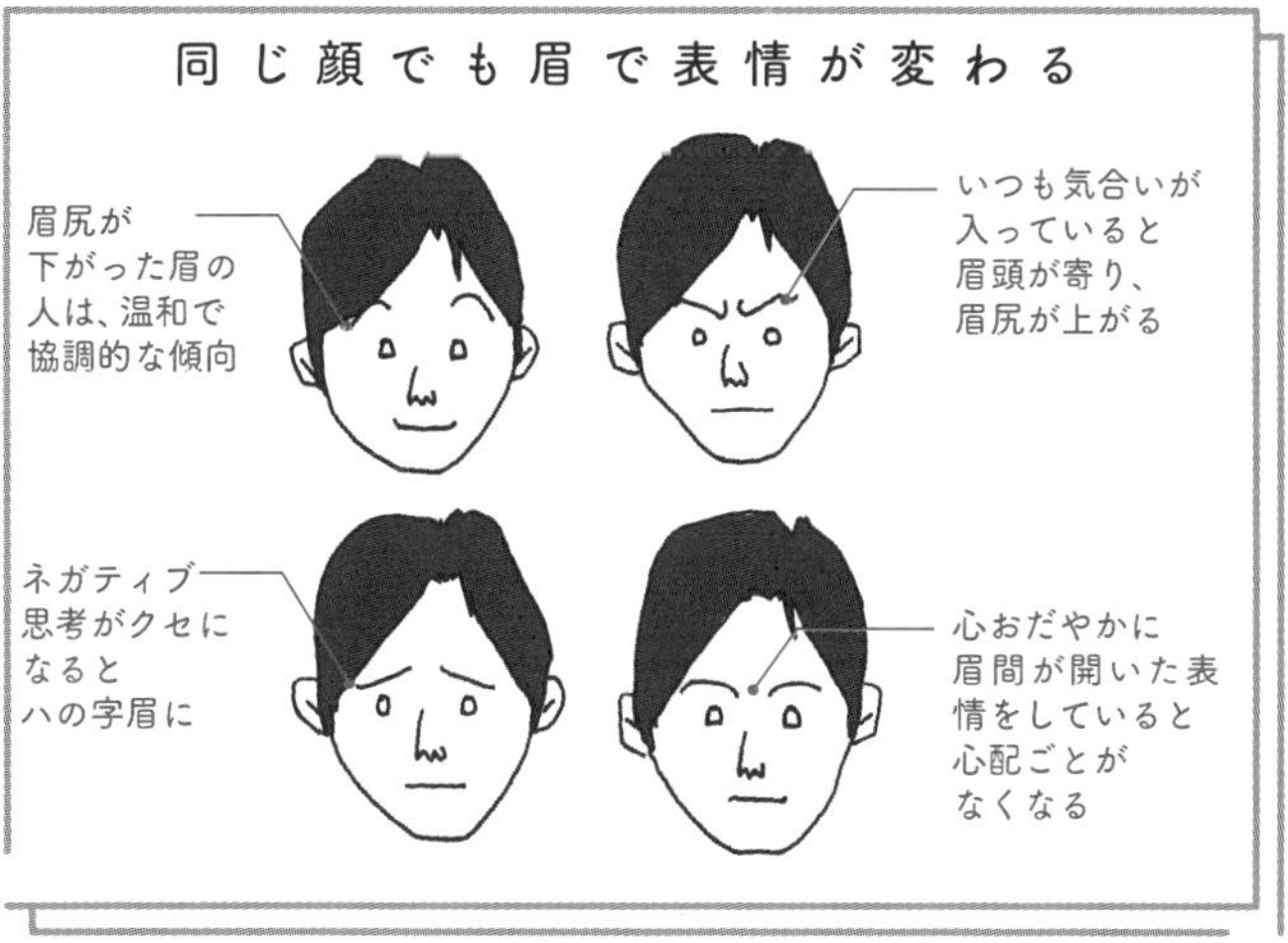
同じ顔でも眉で表情が変わる
眉尻が
下がった眉の
人は、温和で
協調的な傾向
いつも気合いが
入っていると
眉頭が寄り、
眉尻が上がる
ネガティブ
思考がクセに
なると
ハの字眉に
心おだやかに
眉間が開いた表
情をしていると
心配ごとが
なくなる

たとえば、**怒ってばかりいる人は眉がつり上がります。**

いつも気合いが入っている人は、意志的に眉間に力が入って眉頭が寄り、眉尻が上がります。自分の目標に対して集中するのはいいことですが、他人に対する心配りを忘れがちになります。なにごとも緩急が大事であって、いつも眉を寄せてばかりいると、視界も狭くなりますし、無駄な力が入っているので、いいパフォーマンスを発揮できません。

逆に**困った顔ばかりしていると、眉頭から眉尻にかけてが直線的に下がった情けないハの字眉に**なります。

心をおだやかにし、眉間が開いた表情を心がけていると、眉間が開いて眉頭と眉尻を結んだラインはほぼ水平になります。「眉を開く」という言葉は安心して心配ごとがなくなるという意味ですが、**意識して眉間を開くことで心配ごとがなくなる**のです。

このように、**顔と性格は相互に関係し合っていて、性格が顔を作ることもあれば、顔が性格を作ることもある**のです。

自分の顔を鏡で見ながら、眉を上げて顔を作ったり、誰かに見られているのを意識して眉に力を入れたり、周りに誰もいないのにナルシスティックにキメ顔を作ったり……。自意識が表れるのです。

特に女性の場合は、**メークアップで眉を整えたり描いたりしているうちに「なりたい自分**（性格）**」になってくる**のです。

眉のデザインを変化させ「意志の強そうな顔」「かしこそうな顔」「穏やかそうな顔」を作っていると、どういうことが起こるのでしょうか？

その自分の顔を見ているうちに、その通りの性格になるのです。他人も、その顔からそういう性格の人だと思って接するので、その通りの性格になるのです。

したがって、**上昇志向の強さや、他人に対する優しさや厳しさも眉に表れます。**

眉間に力を入れることによってできる上がり眉の人は、積極性、我の強さがあり、野心家で上昇志向が強い傾向があります。

眉間をリラックスさせることによってできる眉尻が下がった眉の人は、温和で協調的な傾向にあります（困り顔のようなハの字眉はイジケ顔の形状記憶ですが）。

若いうちは自分の力で人生を切り開いていく時期なので、眉尻が上がった眉のほうが仕事面ではいいのですが、30代、40代だと眉尻が多少下がった眉のほうがよくなります。

上がり眉の人は、目標に向かって周囲を引っ張っていくという意味でリーダーとしての資質はあるのですが、相手の気持ちを考えず、自らの感情のままに行動する直情径行な人なので、その自分本位な言動によって墓穴を掘り、周囲の信頼を失うことがあります。

仕事が複雑化していき、周囲の人と協力しながらプロジェクトを進めるようなケースだと、「主体性」だけではなく「協調性」も必要になります。「社会性」が増していくと眉間が開いて眉尻の角度が下がってくるのです。

目…「心がわかる、感情がわかる」特殊な器官

目は光を感じる器官であり、「目」→「視神経」→「脳」という経路を経て視覚情報が脳に伝わります。人類学において目は脳が出張した器官というとらえ方をしています。他の感覚器官が受け取った刺激は末梢神経を介して脳に伝わります。目は脳細胞がそのまま伸びて網膜を作っていて、そこで受け取った刺激をダイレクトに脳に伝えています。脳と近い器官であり、なおかつ左右2つあってよく動くため、目には脳内の動きが顕著に表れます。

「言葉ではウソをつけても目はウソをつけない」といわれるように、**目には本心が表れる**のです。

目は鼻（嗅覚）、耳（聴覚）、口（味覚）といった器官とは違った特殊な器官で、単に視覚をつかさどるだけではなく、その人の内面を映し出します。

まさに「目は心の窓」なのです。

目を表現するときに「大きい or 小さい」「丸い or 細い」「上がっている or 下がっている」

といった物理的な形容詞(形の説明)を使うだけでなく、「目がいい」「目に力がある」「澄んだ目」「キラキラ輝く目」「燃えるような目」「慈悲深い目」といった感覚的な形容詞を使うことからもわかるように、目を見るときは感覚的な判断が大切なのです。

目の形が物理的に何ミリで角度が云々ではなく、ダライ・ラマ14世の目からは叡智と慈悲を感じます。内面が心の窓を通して表に現れるので、目に本当の心が見える。心の奥が見えるのです。

そして、**目からその人の持つ気の力、生命のエネルギーもわかります。**

顔の輪郭やパーツの形が似ているということは性格や資質も似ているということですが、その人の持つ気の力、生命のエネルギーというのは、目の輝きに現れます。顔の形が似ている人でも人間力が違うのはそのためです。凡眼ではなかなか見分けがつきませんが。

「観相学」において最も重要なのが「目」で、最も難しいのが「目」を観ることなのです。

「いい目」「輝いた目」「イキイキした目」「汚れた目」「卑しい目」「下品な目」「冷たい視

線」「熱い眼差し」など、目から感覚的に感じとれるようになるには、日ごろから生身の人間の顔をたくさん見ることが大切なのです。

善い心を持っているのか、悪い心を持っているのか。強い心を持っているのか、弱い心を持っているのか。素直な心を持っているのか、ひねくれた心を持っているのか。その人がどんな心を持っているか？　すべて目に表れるのです。人間ほど白目の比率が多い動物はいません。目の動きが活発で、白目があって変化がよくわかるから、相手に感情や意志を伝えられます。逆に白目が淀んでいると気力も体力も減少していることを相手に伝えてしまいます。

また「目は口ほどにものを言う」という言葉があるように、目の動きによってその人が何を考えているかや心理状況がわかります。

目は感情の変化が一番表れる場所です。そして目は、気持ちや意志を相手に伝えます。トップレベルにあるサッカーチームの選手同士は一瞬のアイコンタクトによって心の会話をするように、目はコミュニケーションと深いつながりがあるのです。

その件に
ついては
滞りなく…
大丈夫かね
目は内面を
映し出す

鼻…健康・活力・自尊心がわかる。

鼻からは生命力の強さがわかります。生き抜くために必要な健康、活力、体力、自己主張の強さが表れます。

人は鼻で呼吸をして生きています。呼吸せずには生きていけません。空気を鼻からいっぱい吸うことは、健康の基本。**鼻が大きくて肉づきがしっかりしている人ほど、体力、精力も強く、ストレスや病気に負けない強い生命力を持っています。**

鼻呼吸が多いと、鼻の肉づきや小鼻も張った健康的な鼻になります。口呼吸が多いと鼻が発達しません。口呼吸の弊害は数多く報告されていますが、免疫力が弱くなって病気になりやすいのです。

また鼻は、自分自身を象徴する場所で、そこから自我の強さもわかります。人はみな「私は」と自分を指すときに、顔の器官のなかで唯一前に突起している鼻を指します。自慢して得意になっている人を「鼻高々」といったり、自己主張が強い人を「鼻っぱしらが

ドーンッ
鼻が大きくて
肉づきが
いい人は
自己主張が強い

強い」といったりもします。

つまり、**鼻が大きい人ほど自分自身をしっかり持っている人**なのです。

鼻が大きくて肉づきがいいと、自我が確立されているぶん、自己主張も強く自己中心的になりがちです。そのぶん内に秘めた自我が強いのですが、「自尊心」が悪いほうにも出やすいのです。

また意気込みが強い人を「鼻息が荒い」というように、鼻にテカリがあって肉づきがいい人ほど血気盛んで「我が我が」と自分を主

張しないと気が済まないタイプです。

鼻が大きくて肉づきのいい人は、自分の考え方がしっかりしていて行動力もあるので、リーダーシップがあります。ただしそれは、よい面となって出た場合であって、逆にガキ大将のようなひとりよがりな行動となって表れることもあります。

中小企業の経営者のようにリーダーシップが必要とされる人の鼻は、鼻も鼻の穴も比較的大きい傾向があります。

その逆に鼻が小さいと、自己主張が弱くて人に合わせようとするので他人の影響を受けやすくなります。そのため、周りの人が悪いとどんどん悪い方向に流されてしまいます。

鼻先の肉づきがよく丸い人ほど開放的で意欲的に人と関わろうとし、細い鼻の人は人づき合いが慎重です。自制心が強くクールに対応し、すぐに心を開くことがないので打ち解けにくい傾向があります。

鼻の大きさや肉づきを見るときは、日本人として相対的に見てどうなのか？ で判断してください。

鼻は、人種だけでなく気候などの影響によって平均的な大きさが変わります。同じヨーロッパ人（コーカソイド）でも、北欧の人よりは暖かい地域に住むスペインやイタリアのような南欧の人のほうが鼻の肉づきがいいです。黒人においても同じです。アフリカ内でも赤道から遠い国に住んでいる人のほうが鼻が高いですし、北米（アメリカ・カナダ）や北欧に近いオランダなど気温が低くなる地域に住んでいる人は鼻が高くなるのです。

最近は鼻の大きな女性が増えていますが、それでも男女を比較すると男性の鼻のほうが平均的には大きいです。

また古くからの俗説に「鼻が大きい男はアソコも大きい」というのがありますが、鼻が大きいとセックスアピールになるのは確かです。

テングザルのオスは成獣になると鼻が膨張し長く大きくなりますが、これは自分を大きく強く見せるためです。人間においても少なからず影響はあるでしょう。

口…積極性・厳格さ・愛情深さがわかる。

地球に生物が誕生したとき、その生物の顔のなかで最初にできたものが口です。生物は口から食べ物（エネルギー＝栄養）を摂取してはじめて生きていくことができます。他にも口には声を発し、欲求・欲望を伝えようとする機能があります。

そして人間の場合、口は言葉を話すための機能もあります。言葉によって進化してきた人間にとって、口は他者とコミュニケーションを図るための重要な器官なのです。

このように口には、欲求を達成しようとする積極性と深いつながりがあるのです。

口を動かしてどのように食事をとるか、どういう話し方をするか、どういう表情をするかによって、口周辺の筋肉が動き、長い年月をかけて顔の形も大きく変化します。

口が大きければ大きいほど、積極的、外向的、能動的な傾向が強く、なにごとも意欲的に取り組みます。その反対に**口が小さければ小さいほど、消極的、内向的、受動的**な傾向が強く、自ら動くことが少ないです。

口はコミュニケーション
を図る重要な器官

バッチリです!
口が大きければ
大きいほど
積極的、外向的、
能動的

ヨコに広がる大きな口は、積極的に人と関わろうとし、積極的に行動しようとする人の特徴で、仕事や社会で成功するには欠かせないものなのです。

ただし、単に大きければいいというものではなく、口は締まりがあるのが大事です。口の締まり具合によって、気持ちが引き締まっている人間なのか、たるんだ人間なのかがわかるのです。

引き締まった口の持ち主は、自分にも他人に対しても厳しい人でリーダーに向きます。

いっぽう、いつも口が半開きになっているようだとルーズな性格で、遅刻が多かったりアポイントを忘れたり、期日通りに仕事をしない傾向があります。

口角が上がった人はポジティブ傾向にあります。なにごとも前向きにとらえようと意識している人は口角が上がります。

笑顔が多い人はネガティブな考えにはなりません。自然とポジティブな発想になります。口角が下がっている人は、逆にネガティブ傾向にあります。いつも心に不満を抱えていると口角が下がってくるのです。なにごとも難しく考えます。

昔から「**唇が厚い人は、情に厚い**」といわれています。

メイクをしていなかったとしても、相対的に見て男性より女性のほうが唇が厚いのは、女性のほうが男性より情が厚いからです。

また、唇が厚い人は、**自分なりに仕事を楽しもうとすることが上手**です。いかに楽しむか面白くできるかを工夫して仕事に取り組みます。

そのため、楽しさを感じられなくなると怠ける傾向もあります。

逆に**唇が薄い人は、個人主義の傾向が強く情に流されない理性派**といえます。仕事は真面目で自分の任務に忠実です。規則に忠実で義務感から仕事をする傾向もあります。

特に唇が薄く引き締まった口をしている人は勤勉で厳格。責任感も強いです。ただし、ストレスを感じやすい特徴もあります。そのため、行き詰まりを感じると絶望感を抱いて思わぬ行動をとる可能性もあります。責任逃れをするために資料をねつ造するなど不正をはたらくことも時にあるのです。

下唇に対して上唇が極端に薄い人はエゴイストです。利己主義、自己中心的、自分さえよければいいというタイプ。

自分の言いたいことだけ一方的に話すなど、他人への配慮ができない傾向があります。おとなしい人物に責任をなすりつけたりすることもあるので、仕事で関わるときはくれぐれも気をつけたほうがいいでしょう。

唇が極めて薄いカッパみたいな口をした人は、雄弁ですが会話に中身がないケースが多いです。心にもないことをペラペラしゃべるのですが、ちゃんと聞いてみると話に一貫性がない傾向も強いです。

第2章

ヘアメイク・
顔の特徴で見抜く

メイクで見抜く

素顔でも目鼻立ちがハッキリしている人はともかく、なかにはメイク前後で全く別人かと思うほど顔が変化する人もいます。書いて字のごとく、化粧で化けることができるのです。

メイク用品やテクニックもどんどん進化して、化粧した顔と素顔がどう違うかを見抜くことは簡単にはできません。肌のキメや色はもちろん、眉や目にいたっては目の錯覚を利用するので形自体が元と違って見えるわけですから。

しかし、裏を返せば、メイクででき上がった顔から**「どう見られたくてこのメイクにしているのか?」**、**セルフプロデュースする側の心理**（自分のキャラ作りの心理）**を見抜くことができる**のです。

眉

眉山をハッキリ
作った、角度が強い
コーナー型の眉
意志や自立心
が強い人間だと
見せたい

特に自分で形をほぼ自由に変えられる眉は、その人のなりたい姿や心理が如実に表れます。眉の作り方は、輪郭や他のパーツとの兼ね合いもあれば、ミリ単位で印象が変わる部分ですので、基本的なことを紹介します。

①眉山をハッキリ作った、角度が強いコーナー型の眉

意志や自立心が強い人間であると見せたい。

（特に男性の多い会社や職場で、仕事で男に負けたくないと思っている女性に多い）

②短めでブラウン系の明るい色の眉

若々しくアクティブな人間に見せたい。

③少し上がり気味のアーチ型の眉

知的でクールなオトナの女性に見せたい。

④太く直線的な眉

冷静で物怖じしない人に見せたい。

⑤細い眉

繊細でナイーヴな人に見せたい。

⑥ほぼ並行で眉尻を下げた眉

協調性、共感力のある人に見せたい。

（人間関係でもめるのを嫌い、なにごとも波風

短めでブラウン系の
明るい色の眉
若々しく
アクティブな
人間に見せたい

少し上がり気味の
アーチ型の眉
知的でクールな
オトナの女性に
見せたい

立てず丸く収めたい人に多い）

太く直線的な眉
冷静で物怖じしない人に見せたい

細い眉
繊細でナイーヴな人に見せたい

ほぼ並行で眉尻を下げた眉
協調性、共感力のある人に見せたい

目

メイクによって
上がり気味の目にしている
意志や自立心
が強い
知的でクールな
オトナの女性だ
と見せたい

アイメイクについては、明らかにメイクによって上がり気味の目にしているようなケースだと眉の①や③と同じ心理です。

アイメイクが過剰な人は自意識も過剰です。自分を可愛く見せたい心理がとても強い人です。

また、常に黒いサングラスをしている男性と同じで、気が弱く自分の内面を読まれるのが怖いという人も、元の目の形が全くわからないほど濃くする傾向があります。

まつげをつけまつげやまつげエクステで長くクルンとカールさせている人は、普段から自分が女性で

アイメイクが
過剰
自分を可愛く
見せたい心理が
とても強い

まつげを
長くクルンと
カールさせている
仕事でも
女らしさや
美しさを
武器にできる

あることをしっかり認識して、女性らしさを強調させていますので、恋愛だけでなく仕事でも女らしさや美しさを武器にできる人です。

お洒落気分で色のついたコンタクトレンズをする人も少なからずいますね。

そのなかで最も多いブルー系のカラーコンタクトをしているのは、自分をクールに見せたい心理の表れです。ブルー系のカラーコンタクトをしている人と会ったときは、その人は**興奮を抑え冷静に過ごしたい**と考えていると判断していいでしょう。

黒目が大きく見えるコンタクトレンズも、ティーンだけの流行から一般の女性にも定着しました。コンタクトかどうかを一瞬で見分けるのは難しいですが、近い距離で顔を合わせてそれがわかるなら「この女性はモテを意識している」のです。

ブルー系の
カラーコンタクト
興奮を抑え
冷静に過ごしたい
と考えている

黒目が大きく
見えるコンタクト
モテを意識
している

口元

口は、実際の口より大きく描いたり、逆に唇にまでファンデーションを塗って小さく見せるケースもあり、元の形がわかりにくいですが、色も含めてこのように判断することができます。

①赤い口紅

目立ちたい。気持ちが大胆に積極的になっている。

②赤みが強い色で直線的でヨコ長にメイク

仕事がデキる女に見られたい。

③ピンク系で丸くぽってりメイク

男性を意識していてモテたい。（※グロスで仕上げていると、さらにこの心理が強い）

赤い口紅
目立ちたい。
気持ちが大胆に
積極的に
なっている

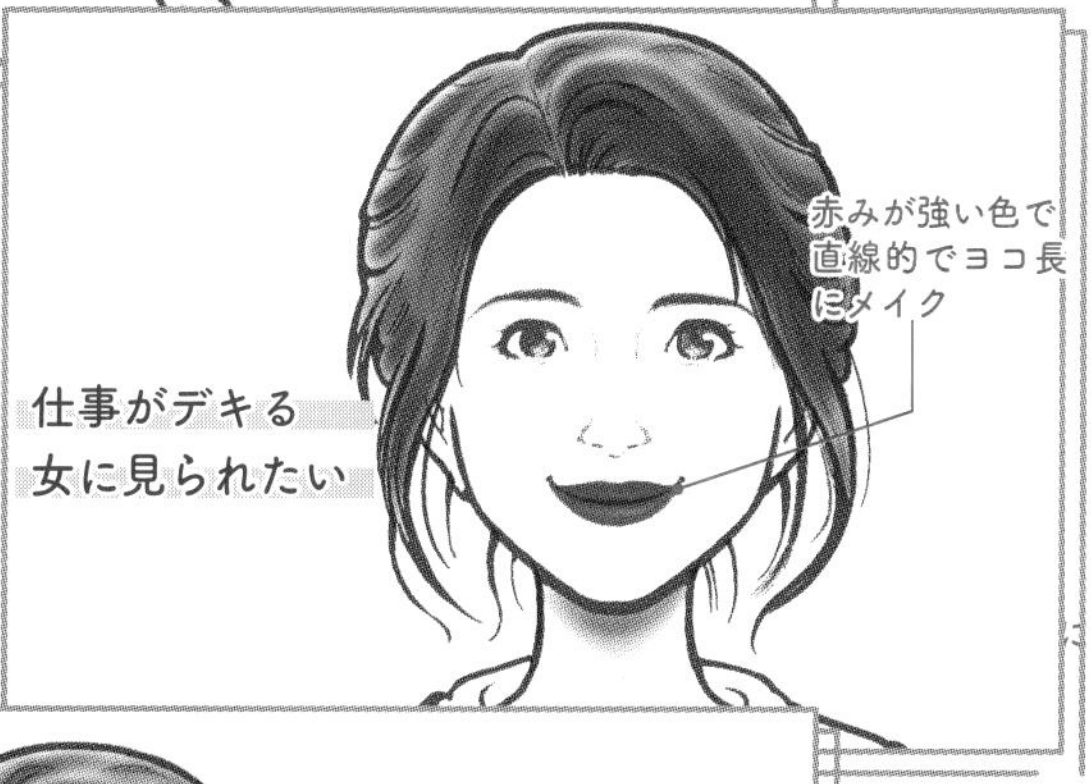
赤みが強い色で
直線的でヨコ長
にメイク
仕事がデキる
女に見られたい

ピンク系で
丸くぽってり
メイク
男性を意識して
いてモテたい

髪型で見抜く（男性編）

似合うかどうか、また職業によっても髪型の傾向は変わるので、一概に髪型だけで性格を判断することは難しいものです。男性の場合、社交性という一点に絞って考えてみると、相対的に見て、額が出た髪型をした人ほど社交性があります。

額を全開にしている人　　＝社交性がすごくある
額が少し隠れている人　　＝社交性がかなりある
額を全部隠している人　　＝社交性はあまりない
額どころか眉も隠れている＝社交性はほとんどない

額を出した髪型の人ほど、気持ちをオープンに人と接しています。また、額を出すことによって、自分の感情を表面に出してコミュニケーションを図りやすくしています。社交性は額の出具合に比例するのです。

女性は、可愛らしさを追求するために眉を隠すケースがあります。男性の場合は、自分の心理を隠す、または、人とのコミュニケーションを避けたい心理の現れと判断してもいいでしょう。

逆にオールバックや、髪を立てたツンツンヘアにしている人は、人と積極的にコミュニケーションを図ろうとしている人です。

また、オールバックの髪型の中でも、髪の長さがあって髪を根本から後ろにピッタリと決めている人は、並々ならぬ自信家です。自分の顔にも自信を持っていて、顔を前面に出そうとしているのです。

ツンツンヘアの人で、髪質も考慮するならば、とても硬くて太い直毛のツンツンヘアの人は、コミュニケーションを図ろうとする姿勢は強いものの、考え方が画一的で決めつけて話す傾向が強く、柔軟性に欠ける人が多いです。

これもあくまでも傾向ではありますが、男性で、髪の毛が長い（ただの伸ばしっ放しではなく、ゆるかやウェーブやストレートでもキレイに流れるようにセットしている）人は、自己陶酔型の傾向が極めて高く、自分特有の価値観で判断して人とも接するため、コミュニケーションがとりづらいです。

さらに、あなたの周りに20代、30代でも髪の毛の半分以上が白髪になってブラウン系統に染めている人がいるかもしれません。このような若白髪の人というのは、20代のときに想像を絶するプレッシャーを経験し、克服してきた人です。

私は、今まで若白髪の人に20人以上出会いましたが、「同族企業で親が突然亡くなり、大学を卒業してすぐに社長になった」「20代前半で起業し、多くの従業員の生活を守るために睡眠もろくにとらずに頑張った」「海外勤務で急に環境が変わって話せる友達がいなくなったが、その地で新しい人間関係を築いた」といったように、全員が極限まで追いつめられ、それを乗り越えて来た人ばかりでした。

最近ではメンズメイクも増えてきました。主に身だしなみとしてのスキンケアが中心で、顔の色ムラを補正する「BBクリーム」を使っているようであれば、清潔感を出して明るい印象にしたい人です。

また、眉はカットやシェービング、アイブロウペンシルで形や濃さを整えるだけで、キリッとして仕事がデキるイメージになるため、それをしている人は印象プロデュースに長けたビジネスパーソンだと判断できます。

髪型で見抜く（女性編）

女性の髪型は、顔の輪郭や体型との相性もありますし、「似合うかどうか？」だけでなく「自分で短所だと思っている部分をカバーしたい」など、その人の優先順位によって選択肢がたくさんありますので、一概に判断することは難しいです。

ただし、髪型も「メイクで見抜く」と同様に、裏側から髪型による印象をおさえておけば、見抜くうえでじゅうぶん参考になるでしょう。

髪型は、顔のフレームの役割をします。絵画もフレームの形や色によってポップなのかゴージャスなのかシンプルなのか印象づけるように、**髪形には自分がどんなイメージの人間に見られたいかが表れる**のです。

色に関していうならば、金髪はともかく、ほとんどの職場でブラウン系統であれば多少明るくても許されるようになり、髪色を選択できるようになりました。**明るめの色の人ほど、明るくソフトで親しみやすい印象に見せようとしています。**

前髪

パッツン前髪
子どもっぽく
キュートに
見せたい

前髪に関しては、目の真上まで前髪を下ろしていてパッツンと一直線に揃えている場合、目を強調したり小顔に見せる効果がありますし、パーツの配置も下型になるので、**子どもっぽくキュートに見せたい**人です。

前髪が目まで隠れているような場合だと、ミステリアスに見せようとしていると考えられますが、**自分に自信がなくて不安を抱えている**ケースもあります。

女性には少ないですが、髪を根本からピッタリ束ねていたり、額のサイドも見せているような人は、並々ならぬ自信家です。額を全開にすると顔が大きく見えるため、やろうと思っても勇気がいります。これは「仕事がデキる女に見られたい」「強い自分でありたい」という心理も働いていると判断していいでしょう。

長さ

肩に少し掛かる
くらいのセミロング
バランス感覚を
大切にし、
好感度を一番に
考える

女性の代表的な髪型別に、本人が「どう見られたいか？」の傾向を紹介します。

①肩に少し掛かるくらいのセミロングヘア

前髪を下ろしているけれど眉が見えているような髪型は男性からも女性からも好かれる長さで、バランス感覚を大切にし、好感度を一番に考えています。

②長めのゆるやかウェーブ

内巻に巻いた毛先が胸元で踊るような髪型はオンナ度を強調。優しいオトナの女性に見せています。

③丸いシルエットのボブ

肩ぐらいの長さで、フェイスラインを囲むような丸みのある髪型はクールで知的なイメージに見せています。

④ショートヘア

キュートで元気なイメージに。女性からも反感を買いにくく、職場での人間関係を意識している傾向が強いでしょう。ウェーブが少ないほうが、仕事に意識が向いてます。

丸いシルエットのボブ
クールで知的なイメージに見せたい

ショートヘアで元気なイメージ
職場での人間関係を意識している

⑤ストレートのロングヘア

お手入れが大変なため、一般的には少ない髪型です。前髪の作り方にもよりますが、自尊心が強くプライドの高い女性であることが多いです。

また、女の命といわれる**髪に艶がなくパサパサしているようだと、肉体的にも精神的にも時間的にも経済的にも余裕のない人**です。

自分がどう見られているかを考えられないくらいに、仕事や生活に追われているのでしょう。タンパク質不足など栄養面に偏りがあったり、睡眠不足が原因で不健康な髪になっているのに、手入れができていないわけですから。

こういう人はヒステリーをおこしやすいので、注意したほうが身のためです。

ストレートのロングヘア
自尊心が強く
プライドが高い

メガネで見抜く

正円のメガネ
デザイナーや
芸術家のように
見せたい

２００５年のメガネ男子ブーム以降、ファッションとして伊達メガネをかけたり、価格も下がったために数種類のメガネをＴＰＯに合わせてコーディネートする人が定着しました。フレームのデザイン、素材、色、いろんなタイプのメガネが販売されていて、それを使い分けています。

そこで問題になってくるのが、**メガネの形に錯覚して、つい見誤ってしまう**ことです。

特に陥りやすいのが、無意識のうちに「丸いメガネの人→優しい人」「四角いメガネの人→クールな人」と判断してしまうケース。

このようにメガネの形に惑わされるのではなく、メガネの奥の目（瞳）そのものを見る必要があります。

目が細くて丸いメガネをしている人は、口を開けるだけでとてもいい人に見えてしまいます。でも気をつけて見てください。目が笑っていないことがよくあるのです。

メガネのデザインによる印象変化については、次の通りです。

- ●幅広のフレーム　↓顔がヨコに広がって見える。
- ●狭いフレーム　↓顔が細く見える。
- ●四角いレーム　↓顔が四角く見える。
- ●フレームが上がり気味ほど若く見える。

もちろん、メガネをかける側もこれを利用して自己演出しているケースが多いです。

正円のメガネの人を見ると、みなデザイナーや芸術家のように思えてしまいませんか。

実際、デザイナーや芸術家に正円のメガネをかける人は多く、彼らは「そう見られたいから」そのデザインを選んでいるのです。

たとえば、いつも楕円形のメガネをかけている人が、少し角張った上がり気味のメガネをして来たときは「この人は、いつもより若く見られたいんだ」と判断していいでしょう。そして初対面の人のフレームが上がり気味だったときは、「若そうに見えるけど、実際の年齢はもう少しいっている」と判断しなければなりません。

形だけでなく、素材もまた、見た目をイメージする上で影響を与えます。

金属製のメタルフレームは、ビジネスパーソンらしいイメージになり、プラスティック製のセルフレームだとクリエイターっぽいイメージになり、同時に少し若く見えます。

セルフレームのメガネはフリーランスっぽいイメージになるため、たとえ実際の職種や雇用形態が違ったとしても、セルフレームのメガネをかけた人は、なんとなく企業内で自由に働いている人といった印象を受けるのです。

同じメタル素材のフレームでも、シルバーとゴールドでは、ゴールドのほうがお金持ちに見えます。

シルバーのメガネを着こなすのは難しく、デザインが悪かったり顔とのバランスが合っ

少し角張った
上がり気味の
メガネ
若く見られたい

セルフレームの
メガネ
クリエイターっぽく
見られたい

シルバーのメガネを
着こなせてない
冴えない人間、
仕事もできない
人間

縁なしのメガネ
自分に自信がある
or
無難な選択しか
できない
保守的なタイプ

ていない人は、安っぽい冴えない人間、仕事もできない人間に見られます。

ただ単に無頓着な人ともいえるのですが、自分がどう見られているかを計算できていないビジネスパーソンは、仕事もできないことが多いものです。シルバーのメガネが似合っていない人は、そう判断してもいいでしょう。

素顔の印象とほとんど変わらない、縁なしのメガネを選ぶ人は、職種的には営業職に多いですが、タイプ的には2通りあります。自分に自信があるからより素顔に近いのを選ぶタイプと、無難な選択しかできない保守的なタイプのどちらかに分かれます。

自分に合ったメガネ選びの基本として「眉の角度

に平行のフレームラインにする」というのがあります。

しかし、この基本にワザと逆らってアンバランスに

- 眉が下がっているのに上がり気味のフレーム
- 眉は上がっているのに下がり気味のフレーム
- 眉はストレートなのにラウンド型のフレーム
- 眉は曲線眉なのにスクエア型のフレーム

を選択している人は自分を**個性的に、ひと癖もふた癖もありそうな人物に見せたい人**であると判断できます。

このようにメガネはデザインによってその人の印象を変えることと、メガネによってどう変わっているかを事前に知っていれば、間違った第一印象の罠を修正することができるのです。

メガネの利点にだまされない。

真っ黒なサングラス
ワルを演出
している
or
気が小さい

昔、テレビのCMで「♪メガネは顔の一部です。だから○○メガネ♪」という耳に残るフレーズがありました。

メガネの最大の利点は、なんといっても知的に見えることです。人によって差はありますが、よほどバランスが悪くて似合わないメガネを除いて、3割から5割は、より知的に見えます。

メガネをかけた人を見るときは、**〈メガネは3割から5割増しで知的に見える〉というフィルターを通して見ていると自覚する**ことが重要です。

ビジネスシーンではあまり見かけませんが、色のついたレンズのメガネをしている人はシャイな人に多いようです。

このメガネの人はあまり感情を表に出すこともしませんし、本人が隠したい感情の変化を察知されにくくしているのです。相手から目の動きが読みとられにくくなるので、警戒心が強いタイプともいえるでしょう。

さらに真っ黒なサングラスをかけていると、目の動きが全くわからないのでミステリアスなイメージになります。不気味、怖いといったイメージになります。

これを利用して、中にはワルを演出している人もいますが、弱視でもないのに常に「遮光眼鏡」や「サングラス」をかけている人というのは、気が小さい証拠です。自分の気持ちを相手に読まれるのが怖いのです。

ヒゲのデザインで見抜く

私が会社員をしていた1980年代後半から1990年代は、男性会社員がヒゲを生やすなんてもってのほかで、ヒゲを生やすことが許されるのは、クリエイター職の中でも特別に優秀な人だけという空気がありました。

2000年以降は、海外に活躍の拠点を移した中田英寿選手やイチロー選手がヒゲを生やし始めたのに影響されてか、少しずつヒゲ人口が増えてきました。最近ではヒゲを生やすビジネスマンをよく見かけるようになり、営業職の人でもかなりの確率で見かけるようになりました。

中田英寿選手やイチロー選手がヒゲを生やすようになった理由に、日本人はヨーロッパやアメリカの選手と比較して童顔であるというのが挙げられます。

つまり、**ヒゲはコンプレックスの表れ**なのです。

子どもっぽく見られるだけでなく、目も細く、顔全体に凹凸が少なくてハッキリしない顔に、メリハリをつけるためにヒゲを生やしたのです。アメリカ16代大統領エイブラハム・リンカーンも、自分の顔にコンプレックスがあってヒゲを生やしていたといわれます。

ヒゲを生やす人のもうひとつの理由は**男らしさの強調**。**つまりセックスアピール**です。女性にはないものを顔につけることで、男らしさ、ひいては自分らしさを表現した自己演出なのです。

このことから、ヒゲを生やした人はナルシストである割合が高いといえます。

特に、キレイに整えて、まるでアート作品のようにトリミングしたヒゲの人は、自意識過剰・超自己陶酔型です。

また、ゲイの人にも多く、キレイにデザインしたようなヒゲの人の前では、センシティブな発言は慎みましょう。

次に、私が今までの経験を元に分類した「ヒゲの生やし方による性格的特徴」を紹介するので、ぜひ参考にしてください。

もみアゴタイプ：
明るい、楽天的、行動派、我が強い、プライドが高い
口かこみタイプ：
野性的、猪突猛進、積極的、愛情深い、頑固
セパレートタイプ：
知性的、自信家、バランス感覚がある、温厚、完璧主義者
口ひげタイプ：
上品、紳士的、気配り上手、優しい
アゴひげタイプ：
純粋、中性的、人の気持ちに敏感、流行・オシャレに敏感

ちなみにＬＧＢＴ向けメディアの編集長に教えてもらったところ、私のような「もみアゴタイプ（ラウンド髭）」＋「口カコミタイプ」のスタイルは、「男らしさの象徴」でゲイの人から人気があるそうです。

シワで見抜く

シワは人生の年輪なので、年齢に応じてシワが増えるのは問題ありません。

基本的に、若いうちから**額にヨコジワはよくてタテジワはよくないのですが、ヨコジワがたくさんできる人は苦労性**です。取り越し苦労が多く、あれこれ心配ばかりしているので、話をしているだけで、こっちまで憂鬱になってしまいます。

眉間のシワもよくありません。

眉間にシワを寄せて漫画のようなシリアスな表情ばかりしているので、寄せないときでもクッキリとシワが刻まれてしまったのです。

眉間にシワがある人は極めて几帳面で、なにごとも難しく考える人です。そのくせ結論を急ぐので、いつもイライラしています。短気で怒りっぽくてせっかちな性格。自分にも厳しい人ですが、他人にはさらに厳しいので、この顔相の人が上司だと大変です。

鼻の脇から口を囲むようにあるシワはほうれい線といいますが、若いうちからあると、実際の年齢よりも老けて見えるので、女性は特にこのシワができるのを嫌がります。しかし、**ほうれい線ができる人は仕事ができ、社会的に成功する人に多い**のです。リーダーシップがあるので、部下に慕われる理想の上司になります。このシワができるのは、それだけ口を動かしてよくしゃべっている証拠で、笑顔も多い人なのです。

ただし、口を囲むようにできることが大事で、**鼻の脇から口角にハの字型に直線的にほうれい線があるのはよくない**です。このシワができる人は努力家ですが、笑いが少ないので、努力が報われることが少ない傾向にあります。

眉間にシワ
短気で
怒りっぽく
せっかち

ほうれい線が
口を囲むようにある
仕事ができ、
社会的に成功する

ほうれい線が
ハの字型に直線
的にある
努力家だが
報われにくい

顔の色艶で見抜く

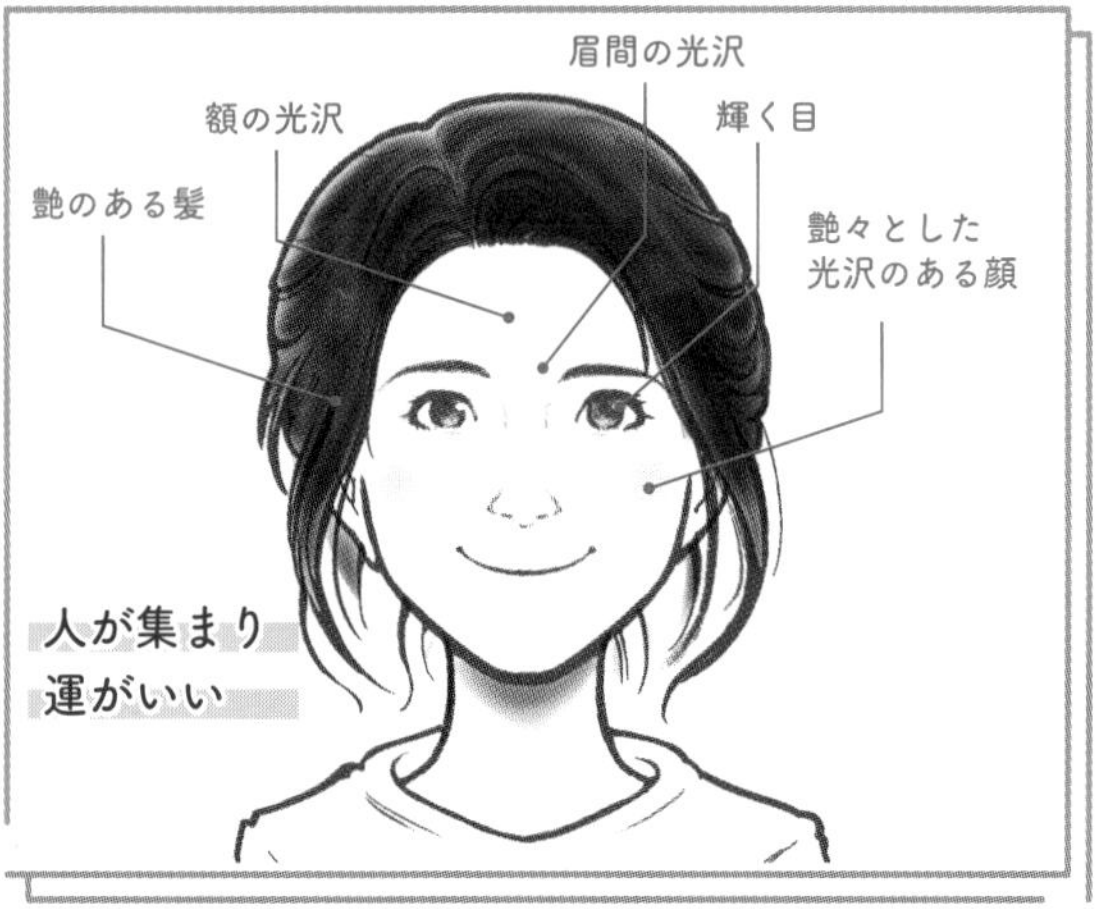

相手の顔を見て「いい人か悪い人か？」を判断するとき、感覚的に目に入るのは肌の色艶です。人間は本能として「健康的な人」と（交際相手、友人、仲間、取引先など）関係しようとします。

顔の色艶がいい人は運がいい人です。

運というのは健康状態と同じで、顔の色艶がいいほうが運もいいのです。

形による「運のいい顔」はひとつではありませんし、美しさも多種多様です。肌の色が白かろうが黒かろうが、小麦色だろうが関係ありません。

運についてのただひとつの真理が、「健康的で艶のある顔の人は運がいい」ということです。

動物は基本的に光のあるほうに行きます。

人間も同じで、艶々とした光沢のある顔の人の周りに人が集まります。

人が集まれば、仕事もお金も集まるのです。


その艶のよさをどれだけ視覚で判断できるかが大事で、顔全体の艶を見るのはもちろん、特に大事なポイントは、眉間の光沢、目の輝きです。

額の光沢や髪の艶も大事です。髪も艶がある人のほうが健康的で、パサパサしていたり、枝毛ばかりの不健康な髪だと運気はよくありません。女性はトリートメントをして髪の艶を回復させたり、男性の場合はジェルやワックスでツヤ感を出すと運気も上昇します。

顔が脂ギッシュな人も、太りすぎでなければ、新陳代謝がよくて健康な証なので、運がいいのです。

運は人から人に伝わるものです。顔の色艶がいい人に近づくと、あなたの運もよくなります。

歯で見抜く

歯の色は、顔の印象を大きく左右します。

「笑顔のときに見える白い歯は好印象」という話は聞いたことがあると思います。本来、自然な歯は少し色味のあるアイボリーのような色ですが、イメージ商売の芸能人はほぼ全員が真っ白い歯をしています。


昔、「芸能人は歯が命」という歯を白くする「歯磨き粉」のCMがありました。その後は、漂白剤を使って本来の自然な歯以上の白さを実現する「ホワイトニング施術」や、歯の表面を白くコーティングする手法、さらには虫歯治療ではなく見た目のために「セラミック歯」で白い歯にする人も増えてきました。

タバコ、コーヒー、紅茶、緑茶、そしてワインを嗜む人は、歯の着色汚れ「ステイン」ができやすいことが知られていますが、市販のホワイトニング歯磨き粉や液体歯磨きでもステインの除去ができるので、アイボリーくらいの色であれば、社会的なマナーのある人です。

汚れているほど着色しているならば、それらの依存症かつ、社会性のない人だと判断できます。

逆に、一般人なのに、**不自然なほど真っ白い歯**をしているケースも、自分をよく見せたい意識が強すぎる人で、こちらも**社会性のない自己中心的な性格**である可能性が高いです。会社員、ましてや組織のリーダーには不向きといえるでしょう。

日本人は欧米人と比べて歯並びが悪い人が多いですが、それでも大きく**口を開けて笑う人は、何らかの成功体験からくる自信家**でしょう。一方、**歯を見せない笑い方をする人は歯並びにコンプレックスを持っている**ことがほとんどです。

ちなみに、人類学的に日本人のルーツとされる「南方系の縄文人」「北方系の弥生人」では、縄文人のほうが歯が小さく、弥生人のほうが歯が大きいので、歯の大きさでどちらのＤＮＡの影響が多い人かもわかります。

涙袋で見抜く

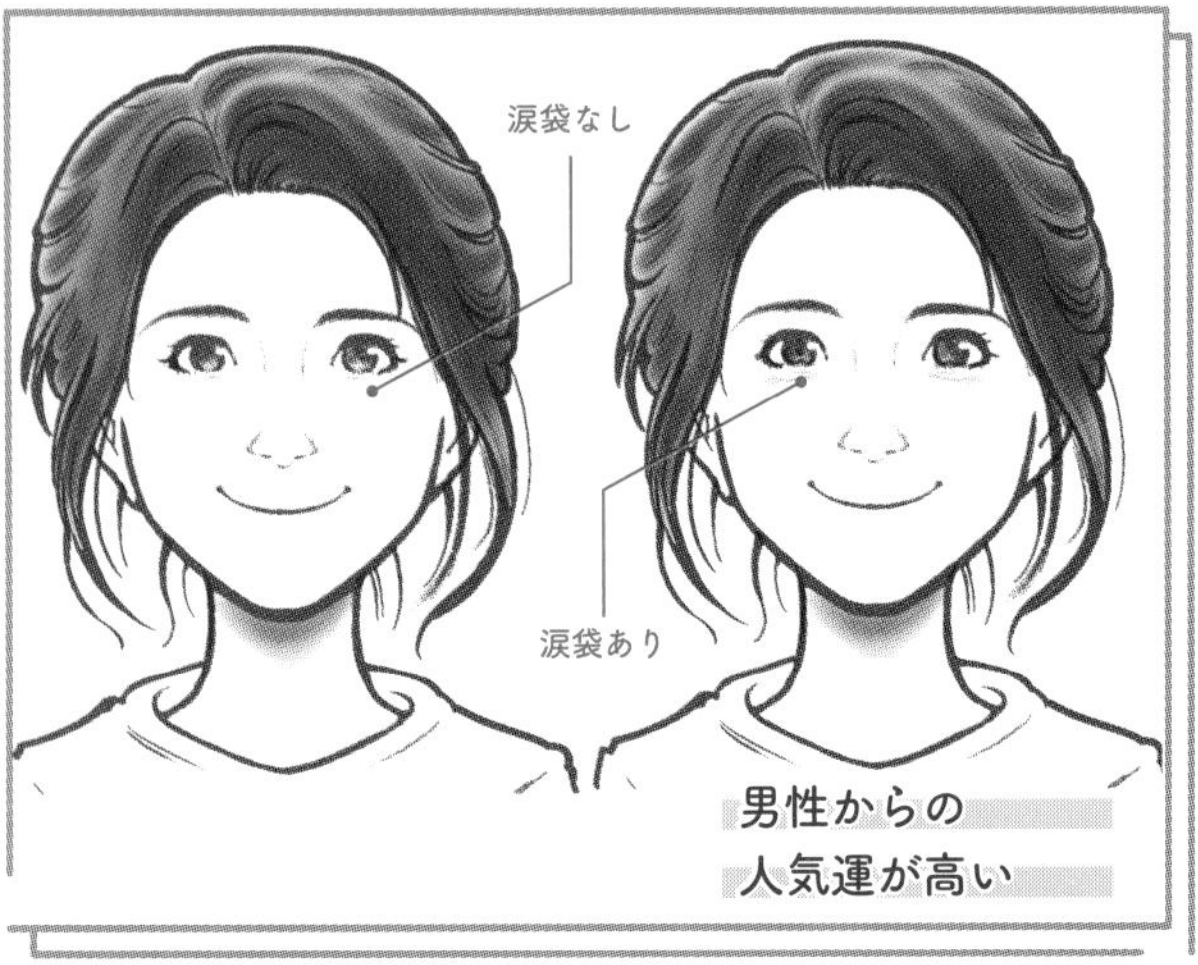

下まぶたのふくらみ＝**涙袋《なみだぶくろ》がある女性はモテます。**

観相学・人相学では涙袋を涙堂《るいどう》と呼び、女性ホルモンや女性のフェロモン（雌が雄に性的発情を誘発するために分泌する物質）と関連づけて考えています。

ホルモンタンクやフェロモンタンクともいわれ、涙袋がふくらんでいる女性は、無意識のうちにセックスアピールをしていて、潜在的に男を求めているのです。

それによって、男性が寄ってくる。つまり、性欲が強く、性的魅力を振りまいているため、男性からの人気運が高いのです。恋愛成就や子宝にも恵まれ、人情にも厚いため、夫婦運も家庭運もある、女性の幸運相です。

涙袋はメイクで作れる時代になり、10年ほど前に涙袋がふくらんで見えるメイク法が流行りました。ブラウンとホワイトベージュのパウダーで立体感を出して涙袋を強調する（ない人はあるように見せる）手法です。さらには、下まぶたをふっくらと立体的にさせ、涙袋を簡単に作れる専用美容液まで開発されました。

女性自身が涙袋を求める理由は、「目が大きく見える」、それも「女性らしく大きく見える」からです。ナチュラルにしろ、メイクにしろ、**涙袋がある女性は、潜在的または意識的に男性を求めている**のです。

では、男性で涙袋がある人は？　これは多情の証で、たくさんの人を愛し、たくさんの人に愛される恋多き人です。

エクボで見抜く

エクボができる
子どもっぽい
天真爛漫さと
勝ち気な性格を
合わせもった人

エクボは漢字で「笑窪」と書くように、笑ったときに頬にできる窪みです。これは、子どものころから笑顔が多く、表情筋（特に口角を上げる筋肉）がよく発達している人にできやすいです。

そのため、エクボができる人は、とても明るい性格をしていることが多いのです。

基本的にエクボは子どもや10代の女性にできることが多いことからもわかるように、肌が若くて頬肉が柔らかいからこそできるものです。

稀に20歳以上でもエクボができて、なかには30代でもエクボができる女性もいます。エクボができる人は、実年齢よりも、精神的にも肉体的にも若い人です。そして、健康面に優れた人です。

ただ、大人になってもエクボができる人は、頬肉が柔らかいだけでなく、頬骨が高いからでもあります。

これを観相学で分析すると、「頬肉が柔らかい＝子どものワガママ」＋「頬骨が高い＝自我が強い」となり、**子どもっぽい天真爛漫さと勝ち気な性格を合わせ持った人**となります。

明るい性格で親しみやすく、エクボがある分、見た目は少し幼く見えて、〝守ってあげたい〟と保護本能をかきたてる。でも、思い通りにならないと、手がつけられないほど駄々をこねるタイプなのです。

第3章

仕事力を見抜く

頼りになるリーダーの顔

上司は選べない。

「これはかりはどうしようもない」というのが、会社員生活を11年経験してわかったことです。

「馬が合わない」だけでなく、時には「無能だ」「えこひいきばかりだ」と居酒屋で同僚と愚痴を言い合ったこともあります。

しかし今、振り返ると、多くの上司は有能で頼りになり、恵まれていました。

いわゆる「親分肌」の、頼り甲斐があり面倒見のいい上司の見分け方の1番のポイントは、鼻と口の間です。

観相学で鼻と口の間の両脇の場所を**食録**《しょくろく》といい、ここが**ムッチリと盛り上がって肉づきがいい**と、世話好きで面倒見のいいタイプです。

また、**鼻の穴が大きい**人は、度量が広く器が大きい人が多いです。

ミスをしてクライアントからクレームが来た場合も、非難するのではなく、何が悪かったのかを一緒に分析し、最後は「落ち込むな」と励ましてくれるタイプです。

耳は、耳の位置が下側にある人ほど公徳心があります。

社会全体、会社全体、組織全体がよくなるように考える人なので、困ったときに相談しやすいです。

ワンマン型リーダーの顔

私はリクルートの営業時代だけでも500人を超える中小企業の社長と接する機会がありました。そのなかには非常にワンマンな社長もいました。

ワンマンと言っても悪い意味ばかりではありません。現場に出れば一番の技術を持っている。営業に出れば一番の成績を誇る。そして、総務も経理も人事の採用担当も社長がする。

中小企業の社長はみな「スーパーマン」だと思いました。

ただ、自分でやったほうが速くて効率がいいからと、自分のペースで仕事を進めるため、周りの社員が振り回されていると感じることも多かったです。

朝令暮改は日常茶飯事、社長の鶴の一声で現場は大混乱……なんてことも幾度となく見てきました。

そんな、ワンマンタイプのリーダーに多いのは「**牛鼻**」です。牛鼻とは鼻の肉づきがよくて鼻先が丸く、小鼻も張っていて、鼻の穴が斜め上に広がった形をしていること。いつも鼻の穴を膨らませていて鼻息が荒く、落ち着きがなく、常に動き回っているタイプ。

また、「牛鼻」は、すぐに頭に血が上って興奮しやすい傾向もあります。

「ワンマン型リーダー」のもうひとつの特徴は、極端に大きな顔をした人です。

よく態度がデカい人のことを「デカい顔しやがって」などというでしょう。

顔が体と比べて極端に大きい人は、目立ちたがり屋の仕切りたがり屋で、どんなことにも首を突っ込んでくるタイプです。**輪郭は四角**っぽい人が多いです。

しぐさでは、話すときに身振り手振りが多い特徴があります。

コーチ型リーダーの顔

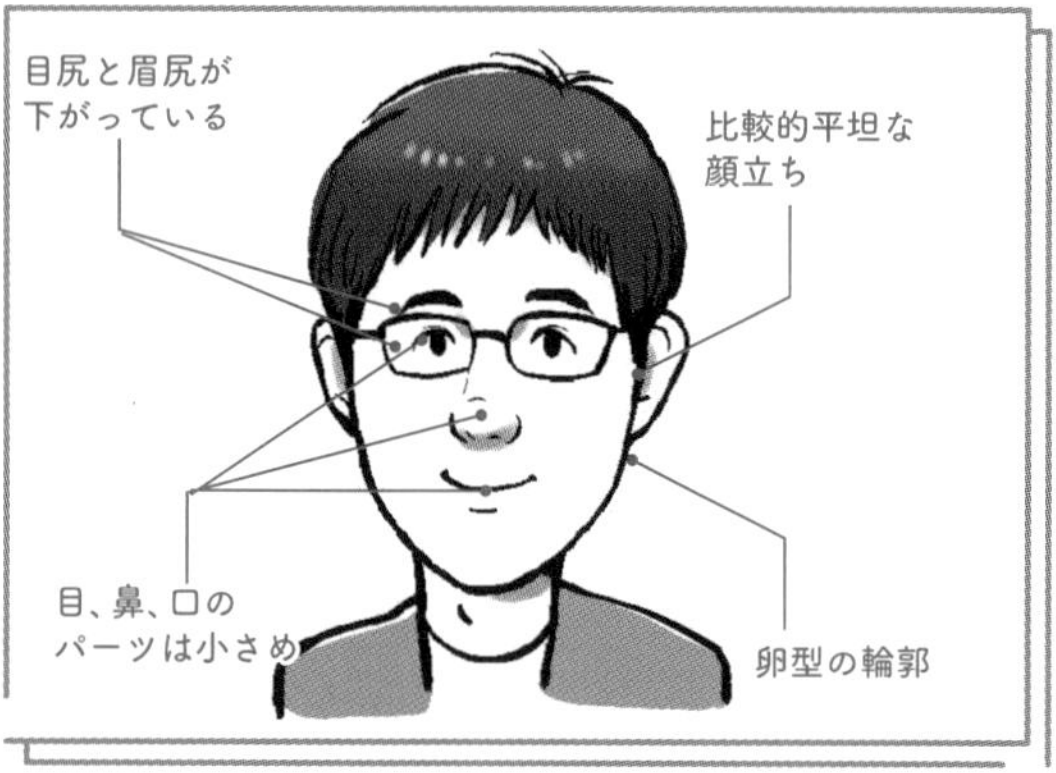

最近の企業はピラミッド型組織から、社内の役職（部長・課長・係長）をつけないフラット型組織が増えてきました。

それに伴い、従来型の指導力・統率力によって部下を引っ張る、いわゆるリーダーシップがある「カリスマ型リーダー」だけでなく、メンバーに寄り添いながらサポートし、育てる「コーチ型リーダー」が求められるようになりました。

そんなコーチ型リーダーに向くのは、**協調的・協力的、そして、人当たりがよくてコミュニケーション能力が高い人**です。

顔のベースは、**卵型の輪郭**と、平均型のパーツの配置。あまりクセがないタイプ。

額、鼻、両頬、アゴは出ていない**比較的平坦**な顔立ち。

目、鼻、口のパーツは小さめで、目尻と眉尻が下がっている顔です。

見るからに優しい印象を与える顔で、大人っぽいけれど、ガツガツしたところがなく、どちらかというと地味なタイプ。

このタイプは人間関係を第一に考えるため、生産性への関心が薄くなりやすいのが難点です。

あなたが部下の立場であれば、このタイプにはどんどん提案をして動かすように。あなたがさらに上の上司ならば、数字の部分でのマネジメントが大切になってきます。

「部下の手柄は私のもの」な上司の顔

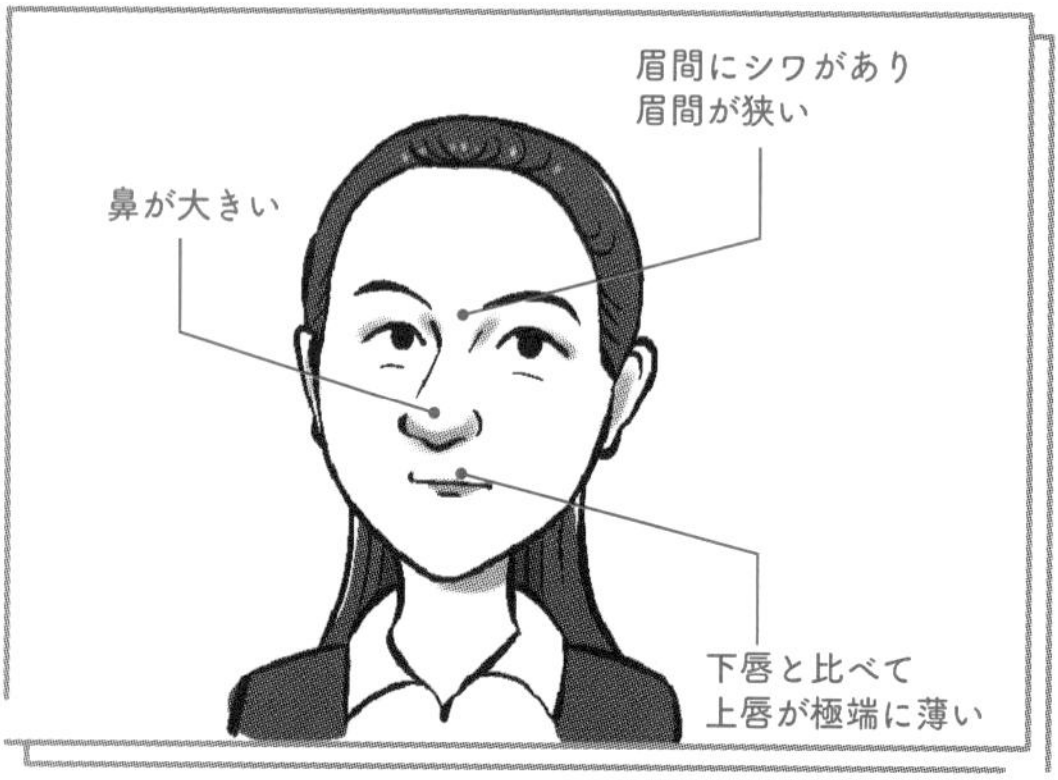

「はい、私が企画書を作らせまして」
「はい、私がプレゼンに同行しまして」

業績泥棒とまではいいませんが、部下の頑張りを報告するよりも、いかに自分が部下の仕事に貢献したかをさらに上の上長に報告する上司。

心当たりありませんか？

このタイプを見分ける1番のポイントは「唇」です。

唇が薄く、特に下唇と比べて上唇が極端に薄いような顔は、**「自分さえよければいい」という考えの人に多い**です。

人間、誰しも自分が一番かわいくて、自分のことが一番大事（家族はさておき）だと考えていますが、この顔相は、特にその傾向が強く、逆に部下がトラブルを起こすと「田中君が勝手にやったことで……」と上長に報告し、保身に走ります。

さらに、次の3つの特徴を兼ね備えていたら要注意です。

①眉間にシワがある

神経質でいつも自分の評価にビクビクしている。

②眉間が狭い

視野が狭く、自己中心的で周囲の人を疎かにしがち。

③鼻が大きい

自分をしっかり持っていて本来はいい相だけど、裏を返せば部下より自分の評価を優先しがち。

参謀タイプの顔

参謀タイプとは、情報収集能力や分析力に長け、トップを頭脳で支えるポジションの人のことを言います。

対外的なことから組織内のことまで精通しているので、トップが何か決断をする際に助言を求めるなど、トップからの信頼が最も厚い人です。

このタイプに多いのは、リーダー向きの顔と比較すると、元気さや明るさはなく、落ち着いていて、**表情の変化があまりない**人です。

輪郭は丸から卵型で、額がタテにもヨコにも広い

のが特徴です。

眉と目は上がっておらず、下がってもおらず、**上まぶたの脂肪が少なく眼球が引っ込んだ奥目**をしている人が多いです。

目が窪んでいる人は、観察力と洞察力があるのが特徴。

また、**目と目の間は少し狭く**、探究心が強く神経質な性質を持っています。

奥目と合わせて慎重派の性格をしているのが特徴です。

鼻はしっかりと大きいけれど、**口の大きさは普通か小さめ**で、活動的ではなく思慮深い印象を与えます。

一匹狼タイプの顔

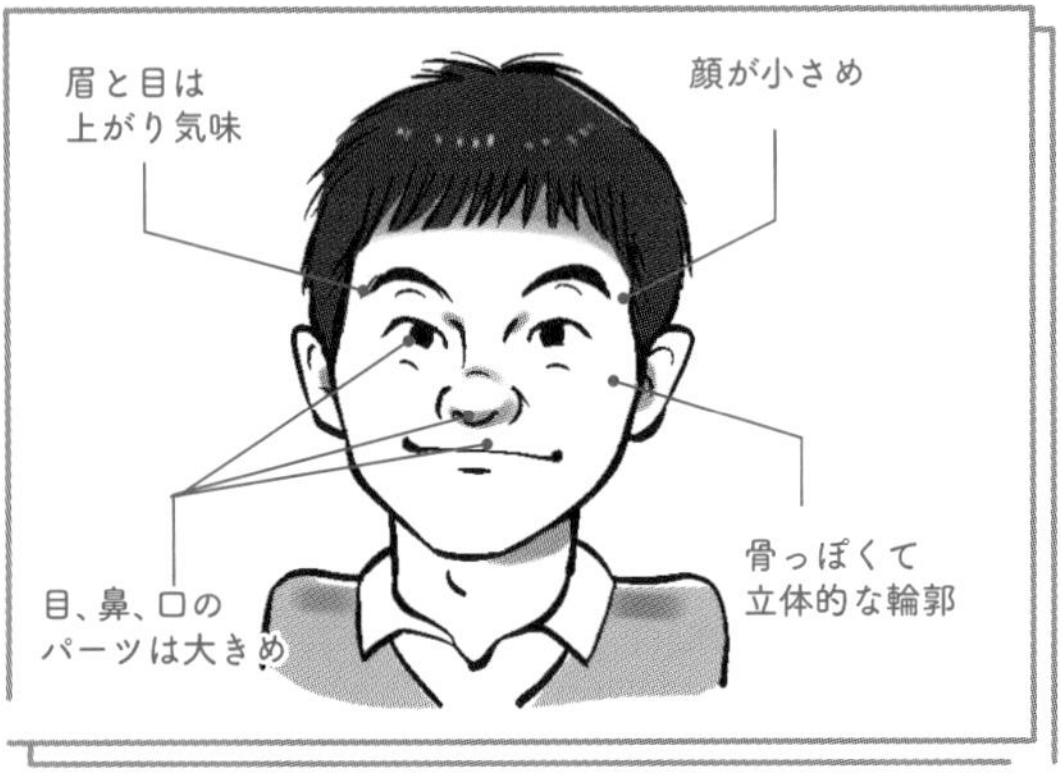

集団で群れることを好まず、単独で行動するのが好きな専門職向きのタイプです。

職人タイプともいえ、自分を曲げない信念と決断力、行動力はあるのですが、他人の意見には耳を貸さない人です。

このタイプは、会議や打ち合わせを嫌い、そのような場でも、自分の言いたいことだけを言う傾向があります。

また、「嫌なことは嫌」など、思ったことをすぐに口に出すため、他人の気持ちを逆なでするような言動をしがちな傾向もあります。

悪い人ではないのですが、**自己中心的**で組織の中では扱いにくく、コミュニケーションがとりにくい人の顔には、このような特徴があります。

①顔が小さめで骨っぽくて立体的な輪郭
②顔の面積の割に目、鼻、口のパーツが大きい
③眉と目は上がり気味

独自の価値観を持ち、自分の物差しだけで測るのが難点。

ですが、自分がやりたい仕事、好きな仕事にはストイックにとり組む人です。

口ばかりで実行力が伴わない人の顔

「一流大学の出身だし、言うことが立派なので、さぞ仕事ができるのだろう」と思っていたら、期待外れ……というケースを何度も見てきました。

プライドが高く、根拠のない自信を持っているくせに、何もできずに言い訳ばかり。

完全なる「頭でっかちタイプ」です。

こういうタイプに多い顔は、まさに「**頭が大きくてアゴが未発達**」。

頭は発達していて額は広く、思考能力は高いのですが、行動が伴わないのです。

アゴが小さい人は幼児性が強く、自立心が乏しいです。

そのため、他人に頼ってばかりで、自ら行動できない傾向があります。

「どうしてみなさん、こんなやり方で仕事してるんですか？」

「私だったら、こうしてああして……」

と入社早々、自信満々で語るくせに、しばらく見ていると「できない」という理由ばかりを考えてアピールするタイプです。


このように、自己主張だけはしっかりして、**鼻は比較的大きい**ケースが多いです。

目が大きくて口が小さい人も、純粋でいろんなことに興味を持つけれど、積極性が足りず、実行力が伴いません。
このタイプは、愛想笑いが多い特徴があります。

優秀だけど精神的にもろい人の顔

入社してすぐに営業成績がトップになったかと思うと、いきなりガクンと落ち込んだり、急に会社を休みがちになったりする若い営業がいます。

その原因を探ってみると、小さいミスをずっと引きずっていたり、プライベートで恋人と別れたりとか、精神的な理由がほとんどです。

こういったタイプは、学生時代から順調に来すぎて挫折した経験が少ないというのもありますが、メンタル面が弱い傾向があるのです。

顔の特徴では、**頭が大きくてエラが全く張っていない**のが共通しています。

鼻先からアゴの先までの長さはあるのに、顔の下半分のヨコ幅が狭い。頭からアゴまでがストンと直線的で長い逆三角形の輪郭をしています。

持ち前の頭の良さだけでトントン拍子に人生を登ってきたものの、歯を食いしばって険しい崖を乗り越えてきたという経験がないのです。

鼻にも特徴があって、**高さはあるけれど細くてヨコ幅が狭い**形をしています。理想がとても高い完璧主義者で、学生時代からテストで100点を狙っていたのと同じ感覚で、仕事でも自分の描いた通りに100％達成しようという意識が強いタイプです。

さらに、**鼻先が矢印（↓）のように下向きになっている**人は、自分の世界に閉じこもる傾向が強く、自発的に他人に悩みを打ち明けることができません。

口を開けば不満ばかりな人の顔

スポーツジャーナリスト・二宮清純さんの講演「勝者の思考法」でこんな話を聞いたことがあります。

まだJリーグがない時代に、サッカーのプロ化に向けたプロジェクトで「景気が悪い、時期尚早だ」「日本にはプロ野球がある。サッカーでは前例がない」といった発言に対して、のちにJリーグ初代チェアマンとなる川淵三郎氏が、机を叩いてこう切り返したそうです。

「時期尚早だという人は100年たっても時期尚早と言う。前例がないと言う人は200年たっても前例がないと言う。やる気がない、アイデアがない人だ。できない理由ばかり考えている。できないことをやるのが仕事だ」と。


「景気が悪いから売れない」

「商品に魅力がないから売れない」

「給料が上がらないからやる気が出ない」と、できない理由を求めて、不満ばかり口にしている人の顔には、唇と目に特徴があります。

唇は、**上唇が尖ったように突き出ていて、下唇が引っ込んでいます。**

顔は形状を記憶します。口を尖らせて不満ばかり言っていると、その表情が記憶されて普段の顔まで「不満顔」に固定されます。

目は、**瞳の下の白い部分が見える三白眼《さんぱくがん》。**

うつむき加減の状態から見上げるような上目づかいの表情をして、不満ばかり言っているうちに眼球の位置が変化して、「イジケ顔」になるのです。

実行力がある人の顔

「目は心の窓」という言葉があります。

心が目に現れるといわれるように、意志をしっかりと持ち、何かをやり遂げようとする人の目は、視線がしっかりと定まっています。実行力がある人というのは、まず**目ヂカラのある顔**をしています。

儒教から発展した陽明学の教えに「知行合一《ちこうごういつ》」があります。

「知っていることでも、実行しないと知らないのと同じだ」「こうすればいいと知っているなら、そのように行動しなさい」という意味です。

人間、頭ではわかっていてもなかなか行動に移せませんが、一歩踏み出して行動する人間には明るい未来が開けるものです。

私は、これをさらに発展させた「意行合一《いこうごういつ》」を唱えています。

「心で思ったことは、実行しなさい」「意志を持って行動すれば、実現できる」と。

それには、バイタリティが必要で、バイタリティがある人は、**小鼻が張っている**のが特徴です。

もし、あなたの小鼻が張っていなかったとしても悲しむことはありません。

常に鼻呼吸を意識して、鼻から思いっきり空気を吸って呼吸していると、小鼻が張ってきます。1日に数回「自分はコレを必ず実現させるんだ。」と意識しながら、深呼吸することです。

将来、出世する人の顔

自分が主役の人生を楽しんでいる、スーパーポジティブな顔をした人です。

人生は山あり谷ありで、得意満面の顔になることもあれば、曇った顔にもなります。

同じ人の顔とは思えないくらい、顔は変化するものですが、いつ何時も目はしっかりと前を見据え、口が締まりながらも、常に半笑いのように口角が上がっている人がいます。

こういう顔をした人は間違いなく出世します。

人生の目的、仕事の楽しみ方が確立されていて、すべてを前向きにとらえることができる顔だからです。

私の会社員時代の上司や同僚、後輩で、その後出世している人は、みなこの共通点があります。

真顔でも目が笑っているように見えるのがポイントで、視線が定まっているけれどにらんでいるようには見えず、キラキラと輝いて見える目です。

その他、目標を叶える人に多い顔相はこうなります。

①口が大きい（積極性がある）
②眉間が広くて艶がある（考え方が柔軟）
③鼻が大きく肉づきもいい（自分をしっかり持っていて健康面も良好）
④小鼻が張っている（バイタリティがある）
⑤耳たぶが前を向いている（ポジティブ思考）

ズバ抜けて頭のいい顔

昔から「額が広い人は頭がいい」といわれます。古典的な観相学でもそういいます。見た目の印象でも、額が広いとなんとなく頭がよさそうに見えます。

第2章の「額…思考の傾向がわかる」でも書いたように、「前頭葉をよく使う人ほど前頭葉（＝額）が発達し、額が広い」傾向があります。

しかし、「頭がいい」の基準もいろいろありますので、「額の広い人ほどものごとをたくさん考える」をひとつの基準にします。

この「たくさん考える」ということは、いいことばかりではありません。

マイナス方向に考え込んで悩んだりするよりは「なんとかなるさ！」と気楽に考えることも人生を渡っていくには必要です。

ズバ抜けて頭がいい人は、**「額が広い」の中でも、タテにもヨコにも広くて、前にもこんもり盛り上がっている**ことが多いです。

また、「頭がいい」という表現は、「ずる賢い」というようにあまりよくない意味でも使われることもあります。

ずる賢いといわれるような、計算高くて知恵が働くタイプは、**眉が薄い**のが特徴です。

ものごとに動じない様子を「眉ひとつ動かさない」というように、本来、眉は感情の変化が現れる場所ですが、眉が薄いと変化が現れにくく、何を考えているのか表情が相手に悟られないというのもその一因でしょう。

今がツキまくっている人の顔

いい顔、悪い顔は人から人へ伝わる。（日本顔学会2代目会長　原島 博）『顔訓13箇条』第13条

運のいい人に会おう。そうすればいい顔になれる。（池袋絵意知）『ふくろう流顔訓13箇条』第9条

この2つを合わせると「運は人から人に伝わるものなので、**運がいい人の近くにいれば、自分もいい顔になって、運もよくなる**」というシンプルな法則ができます。

では、その運がよくてツキまくっている人を見抜くにはどうすればいいのか？

これほど簡単なことはありません。

運気を観るのに形は全く関係ない。

健康的で顔の色艶がいい人が運のいい人なのです。

あっけない答えだと思うかもしれませんが、世の中の法則というのはこれくらいシンプルにできています。

顔の色艶を見る一番のポイントは**眉間で、ここが内面から発光しているように輝いているる**ことです。

そして、**白目と黒目のコントラストがハッキリしていて瞳が輝いている**こと、**口角が上がっている**こと。

この3つが「今がツキまくっている人の顔」です。

実務的で仕事が正確な人の顔

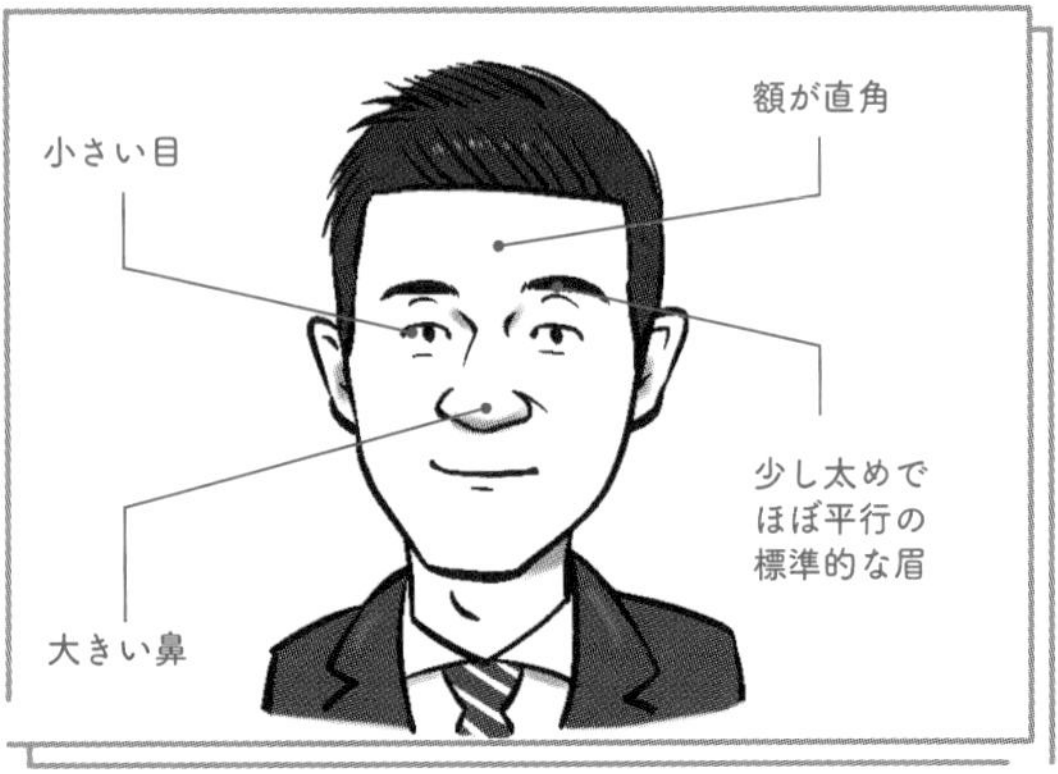

あまり目立った活躍はしないけれど、無遅刻、無欠勤で、コツコツと決められた仕事をキッチリこなす人がいます。

このタイプにも目安となるポイントがいくつかあります。

第一に**髪の生え際が定規で垂直の線と平行の線を引いたように、額が直角になった角額**をしています。

このように直線でキッチリ書かれたような額の人は、几帳面な性格をしています。

顔パーツの特徴では、**目は小さく**、耳と口が標準で、**鼻だけは標準以上の大きさ**をしています。

眉は少し太めですが、角度は上がっても下がってもいないほぼ平行の標準的な眉をしています。

頬はそれほど高くなく、自分をしっかりと持っているけれど、必要以上に自己主張しないタイプです。


自分の気持ちをあまり表に出すこともなければ、自分の考えは内にしまっておくことが多く、競争心も強くないので他人の仕事ぶりにはあまり興味を持ちません。

積極的に仕事を作り出すことはせず、決められた自分の仕事だけを淡々とこなします。

裏を返せば、出世や事業拡大といった野心がないので、管理職や経営者には少ない顔です。

バランス感覚に優れた人の顔

たいていどの会社にも、職場の雰囲気を和ませるムードメーカーがいるものです。敵を作らず、誰とでも仲よくして、誰からも嫌われないタイプです。

このようなタイプは、社内だけではなく、社外に出たプライベートでも人との距離感が絶妙なことが多いです。

社会的なバランスがいい人は、**顔のバランスもよく、際立った特徴がない**のが特徴です。

非常に似顔絵にしにくい、〝似顔絵描き泣かせの顔〟をしています。

輪郭は標準的でキレイな卵形をしている人が多いです。

顔パーツの大きさや配置もバランスがよく、どのパーツも大きすぎず、小さすぎず、料理の味にたとえると「甘からず辛からず、濃すぎず薄すぎず」といった具合で〝いい塩梅《あんばい》〟をしています。

髪を下ろしているとわかりにくいのですが、**髪の生え際が半円を描いたような、丸みのある形をしている人**もバランス感覚がいいです。

また、男性の場合は、ユニセックスな顔立ちの人が多く、女性の気持ちに共感しやすいため、女性からの信頼も厚いはずです。

ハッスル社員の顔

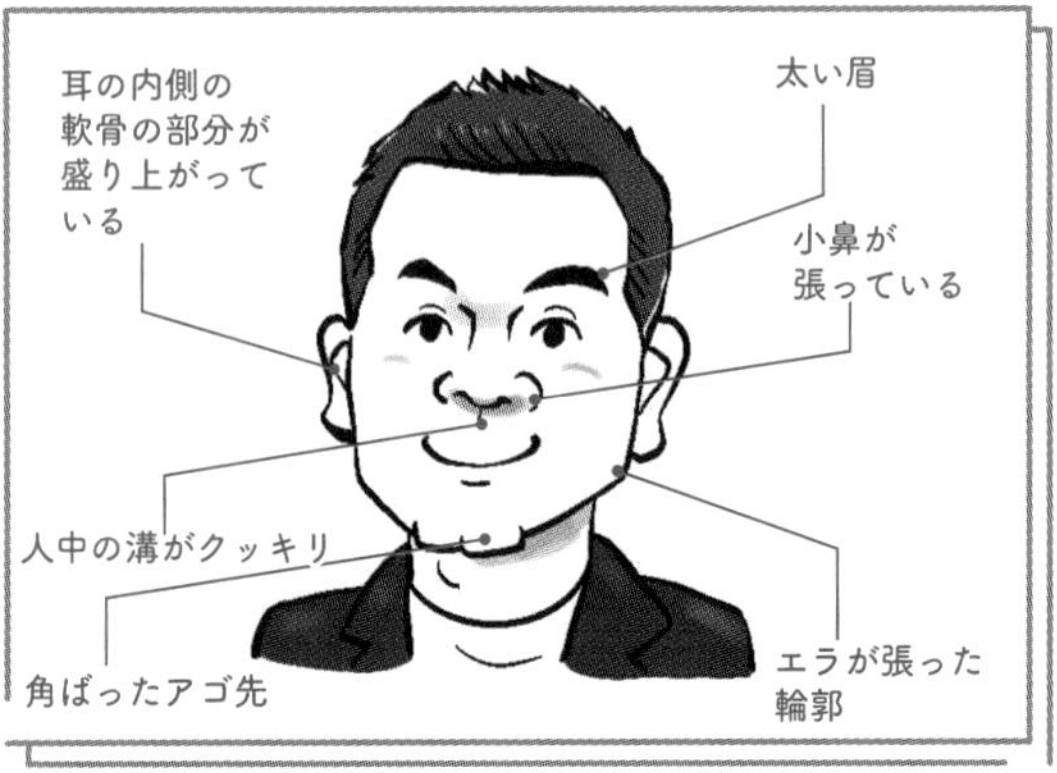

「ハッスル」という言葉。最近、日常的にはあまり使わないと思いますが、言葉の意味はなんとなくわかるかと思います。

英語の「HUSTLE」には「張り切る、頑張る」のほかに、「乱暴に押す、押し進む」という意味もあります。日本では「元気に頑張る」「気合で頑張る」というようなニュアンスで使われています。

精力的に、馬車馬のように働く人にはこのような特徴があります。

①**エラが張った四角形かホームベース型の輪郭**…肉体的にも精神的にも強い。

②**アゴの先も角ばっている**（「ケツアゴ」とも表現する真ん中にタテ線があるケースも）

…チャレンジ精神がある。

③**人中**（鼻と口の間）**の溝がクッキリしている**…気持ちが若い。

④**眉が太い**…ねばり強く根気がある。

⑤**耳の内側の軟骨の部分**（耳廓《じかく》）**が盛り上がっている**

…負けず嫌いで根性がある。

⑥**小鼻が張っている**…バイタリティがある。

このうち4つ以上当てはまる顔は、営業部隊の士気を高めるのに最適の人材です。

頭が固い頑固者の顔

いったんこうと決めたら動かない頑固者がいます。俗に言う「頭が固い」タイプ。

よかれと思って親切にアドバイスしているのに、絶対に自分を曲げない人に出会った経験、みなさんもあると思います。

頭蓋骨を叩いて確認したことはありませんが、もしかしたら、頭の骨からして固いのかもしれません。

冗談はさておき、このタイプの最大の特徴は、四角形の輪郭で顔の肉づきはあまりなく、それこそ**ゴツゴツとした岩のような顔をしている**ことです。

他にはこの3つがあります。

①額に丸みがなく、箱のような形をしていて、**髪の生え際は角ばった角額**。
②**目はアーモンド型**で、少し上向きの目をしていて**鼻は大きい**。
③**口は真一文字**に締まっているか、口角がへの字型に下がっている。

への字型の口になっている場合は、頑固というよりも意固地な性格です。

面倒なので相手にするのを避けたいタイプではありますが、「この頑固者はどうやったら考えを変えてくれるかな～？」と、ゲーム感覚で楽しみながら接すると気が楽です。

職場の仲間と「あの人の気持ちを変えさせたほうが、ランチをおごるゲーム」をやってみるのもいいかもしれません。

第4章

コミュニケーション力を見抜く

誰からも好かれる人の顔

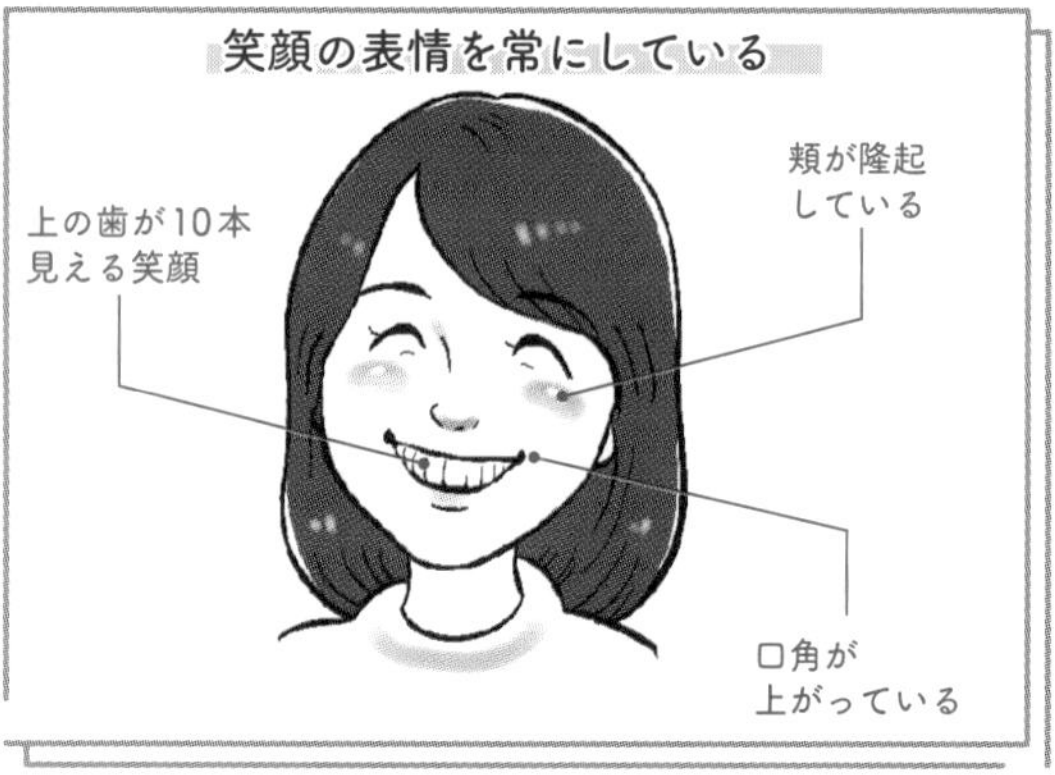

ミッキーマウスが世界中で人気があるのはなぜだかわかりますか?

それは、**口角が上がって頬が隆起した笑顔**の表情を常にしているからです。

笑顔の人にはみんなが寄ってきます。

好感度の高い笑顔のポイントは、下の歯が見えず、上の歯だけがたくさん見えること。

上の歯が10本見えるのが理想の笑顔で、笑顔のときに見える上の歯の面積と好感度は、ほぼ比例しているといっても過言ではありません。

有名人を例に挙げると、20年ほど前は「好きなタレント調査」で1位を獲得し続けた明石家さんまさん。その後は「平成のCM女王」こと上戸彩さん。令和になってからは令和元年に〝しぶこフィーバー〟を巻き起こしたプロゴルファーの渋野日向子さん。パッと顔を想像してみてください。みな「笑顔の顔」が印象に残っていると思います。

最近では「令和のCM女王」になりそうな女優の西野七瀬さん。

タレントの場合は、口をタテにも大きく開けたビッグスマイルも多いですが、一般の人はヨコには広がるものの、タテ幅は狭く、上の歯の下側のラインと下唇のラインが沿うような、西野さんのスマイルがベストです。

「口の中まで見えるのは子どもの笑顔」
「上の歯が見えなくて下の歯ばかり見えるのは老人の笑顔」
と私は呼んで、笑顔の指導をしています。

情に厚い人の顔

観相学を知らない人でも「唇が厚い人は、情に厚い」と耳にしたことがあると思います。

相対的に見ると、メイクをしていなかったとしても、女性のほうが男性より唇が厚い傾向があります。そして、一般的に女性のほうが男性より情が厚いともいわれます。

男性は論理的に行動し、女性は感情的に行動するともいわれます。

つまり、**唇が厚い**人ほど情にもろく、情に訴えかけると説得しやすいのです。

ただし、口が引き締まっているタイプは情だけで説得するのは難しく、唇が厚くてなおかつ**口の締まりがない**人のほうが、より情に弱いといえます。

唇以外で情に厚いタイプのポイントを挙げると、**輪郭は丸顔**、**眉は長い**特徴があります。どちらも社会生活において、他人の気持ち、他人に対する思いやりを大切にする傾向があるのです。

「情に厚い」のは基本的にいいことではありますが、

人から頼まれると嫌といえない＝「断れない」「利用されやすい」
人を厳しく責めることができない
＝「気が弱いと舐められる」「ストレスを溜めやすい」

と、場面によってはマイナスに作用するケースもあることを覚えておきましょう。

理屈にうるさい人の顔

一方、情よりも理を優先するタイプの人もいます。理が勝る論理的なタイプは「**唇が薄くて口が真一文字に引き締まっている**」のが最大の特徴です。

他には「**眉間が狭い**」や「**目と目の間が狭い**」という特徴があります。これらは思考的な性質を表します。

額がタテに広い熟考タイプも、論理性を重視します。

さらに、目尻が切れ下がったタレ目や、耳が小さいといった特徴も兼ね備えていると、理屈立てて話したほうがいいタイプといえます。なにかを決断するときに、慎重になる人に多い顔相です。

これらのタイプの顔は、感情に流されないため、説得するには論理的でなければいけません。

ここ数年、使われだした言葉でいうと「エビデンス」が重要です。科学的根拠を示す必要があります。

「数字でわかるデータ」があると、より説得しやすいタイプではある半面、数字のトリックや権威的な情報にだまされやすいタイプでもあります。

「アメリカの〇〇大学の△△研究室の論文によると……」などと自信を持って話すと、意外と簡単にこちらの意見に従わせることができます。

また、理屈にうるさい人は、会話中に「腕組み」のしぐさを多くする傾向があります。

押しに弱い人の顔

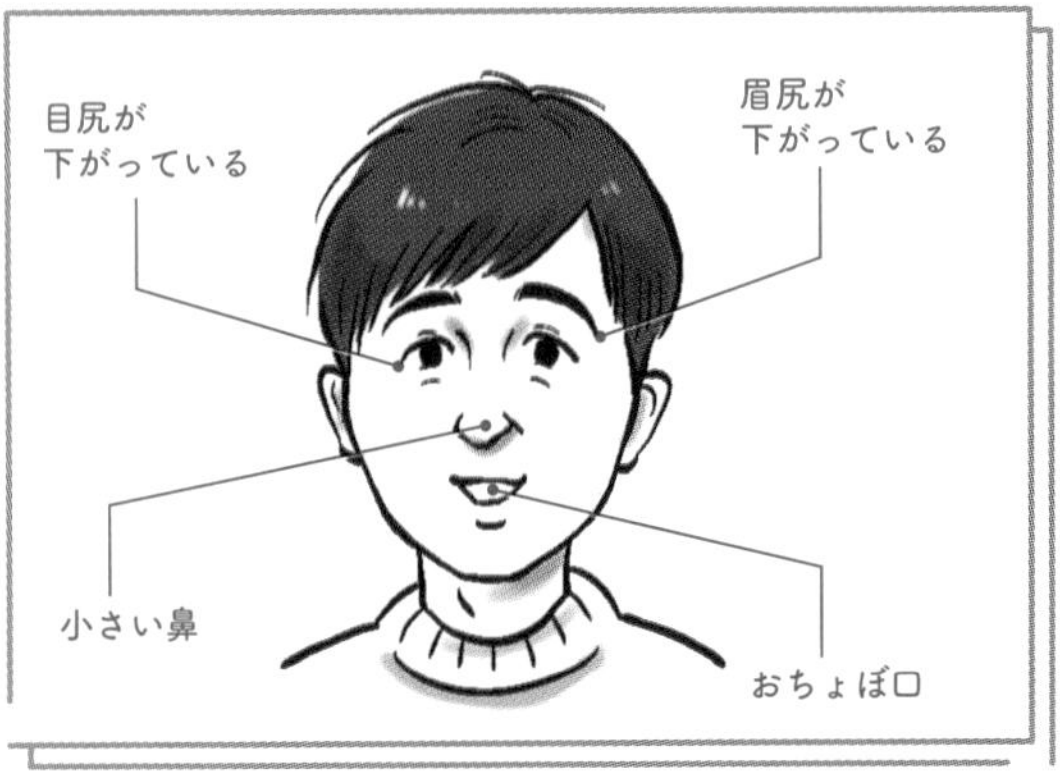

恋愛でも仕事でも「押したり引いたり」という駆け引きは交渉ごとの基本です。しかし、相手によっては、押して押して押して押しまくったほうがうまくいく場合があります。

グイグイ押したほうがいい相手かどうかを見抜く最大のポイントは、口にあります。

口は積極性や能動性を表し、口が極めて小さい「**おちょぼ口**」の人は、受動的で従順な性格です。

さらに鼻は自我の強さを表し、**鼻が小さい**と他人の意見に流されやすい傾向があります。

この2つに加えて、**「眉尻が下がっている」「目尻が下がっている」**という協調性を表す特徴もあれば、間違いなく押しに弱い人です。

このタイプには、こちらからガンガン積極的に打って出たほうが話はスムーズに進みます。

権威や他者や評価に弱いタイプなので、心理学で言うところの「ハロー効果」を使うのが有効です。

「ハロー効果」とは「後光効果」ともいわれ、目立ちやすい特徴に引きずられて他の特徴についての評価が歪められて、認知バイアス（偏り）が起こる現象。

「ポジティブ・ハロー効果」と「ネガティブ・ハロー効果」があり、「ポジティブ・ハロー効果」を生むような「知らないんですか？　有名人の○○さんもやってますよ」といった話し方が効果的です。

おおらかに見えて几帳面な人の顔

「第一印象は基本的に正しい」と私は考えています。しかし、目が細い、鼻が大きい、口が小さいなどと同じ要素を持った非常に似た顔であっても、見比べてみるとわかるように、一人ひとりの形状は違います。

一人ひとりの顔パーツの形状が微妙に違うように、性格も一人ひとり微妙に違います。この顔はこのタイプと完全に決めつけることは難しく、あくまでも顔に色濃く表れる特徴で分類しているにすぎません。

そしてその特徴についても、**ある側面の印象にばかり目が向いてしまうと、別の側面を見落としやすい**ものです。たとえばこんなケースがあります。

輪郭が丸顔で人中（鼻と口の間）が広い場合、おおらかで細かいことを気にしない性格と判断するのが妥当です。

いっぽうで、髪の生え際が一直線で四角い角額をしていて、眉が細い場合は、几帳面で神経質なタイプと判断します。

この場合、両方を考慮した上で、その他のパーツの特徴も含めてどちらの要素が強いかを判断します。

ところが、この顔の人が、前髪を下ろして額を隠した髪型をしている場合、額の形がわからないどころか、前髪で眉さえ見えないこともあります。そうなると単純に「おおらかで細かいことを気にしない」と判断してしまいます。

本来であれば、「おおらかで細かいことを気にしない」面と、「几帳面で神経質」な面とを持ち合わせていると判断すべきです。

このように、あるひとつの部分に注意がいきすぎたがために、他の部分の特徴を見落としてしまい、判断を誤ってしまうおそれがあるのです。

だからこそ顔は、簡単に見抜いたと思ってしまったり、パーツ1箇所だけで決めつけてしまうのは危険なのです。

謝罪してもなかなか許してくれない人の顔

コンビニエンスストアのレジで、店員にもの凄い剣幕で怒鳴っている人を見かけたことはありませんか?

会話を聞いてみるとタバコの銘柄を店員が知らないとか、パスタを買ったけどフォークが入っていなかったとか、些細な理由です。

今度は謝罪の仕方が悪いからと「店長を呼んで来い」とか「本部に連絡するぞ」とか、怒りが収まりません。

私もコンビニで、年に何回も見かけたものですが、そのような人のほとんどには共通した顔の特徴がありました。

眉が極端に細くつり上がって、目も細くつり上がった顔です。

女性の場合は、眉を剃ってメイクで細く上向きに描いている可能性がありますが、顔と心はつながっています。

メイクにつられて性格も変わってしまうのが「人間」であり「顔」なのです。

鋭く細く尖った眉をした自分の顔を見ているうちに、性格もギスギスしたものに変わってしまいます。若い男性の中にも眉を剃って細く整える人が増えましたが、眉はあまり細くしすぎないことが大切です。

優柔不断な人の顔

「あっちとこっち、どっちがいいと思う？」
「こっちのほうがいいよね？」
「いや、やっぱりあっちかな？」
いつまで経っても決断できない人がいます。

こういう優柔不断な人の特徴は、**大きくて丸い目**をしていて**目と目の間が離れていて、**さらには**視線が定まらない**ことです。

いろんなことに浅く広く興味を持つのですが、いろいろ目移りしてしまうタイプです。

鼻は鼻先が丸くて肉づきはあるものの、小鼻が張っていないコアラの鼻のような形の**「コアラ鼻」**も優柔不断に多い顔相。

買い物に行くと、男性よりも女性のほうが何を買うか決めるのが遅いのは、女性に「コアラ鼻」が多いことも、関係があるのではないかと思います。

さらに**鼻が小さい**場合は、自己を確立できていない精神的に未熟な傾向があるため、いつも人に聞いてばかりで自分で決めることができません。

優柔不断タイプへの対処法は、「同調行動」を使うのが有効です。

日本人は世界的に見ても、人と同じ行動をし、人と同じものを好む傾向があります。「みんなこれを選んでますよ」と言って、安心させて決断させるのです。

批判的・攻撃的な人の顔

何人かで集まって、テレビでサッカーや野球の試合を見ていると、選手のいいプレーについては話さず、「あぁ、ダメだなぁ〜、なにやってるんだよ。今のはこうしなきゃ……」と技術・戦術的なことから精神面についてまでダメ出しするような〝なんちゃって評論家〟がたまにいます。

会議の場でも「それは無理でしょう」「できないでしょう」とマイナス要素を探して否定的な意見ばかりを言う人がいます。

そのくせ、代替案を出すこともせず、否定するだけ。

このような批判屋は、**唇が薄く、口の左右どちらかが斜めに上がった**顔をしているのが特徴です。

病気などが理由で口が歪んでいるケースもあるかもしれませんが、顔の左右非対称性が違和感レベルで目立つ場合は、精神のバランスが崩れている可能性が高いです。

精神衛生上よくないので、このタイプとはなるべく関わらないほうが賢明です。

また、自分の考えと違う人を攻撃的に批判する傾向が多く見られる人の特徴は、**目と目の間隔が狭い**こと。

さらに、**眉間が狭く両方の眉頭にタテジワが2本できている**と、自分と反対の意見はことごとくブロックする「聞く耳持たず」の独善的攻撃特化型の顔相になります。

普段はおとなしいが感情が爆発する人

普段は柔和な顔をしている人が、突然大きな声で怒鳴ったり、「え、なんで？」っていうところで泣き出す場面に遭遇することがあります。

このタイプの顔は、基本的に【第3章】の「バランス感覚に優れた人の顔」に近く、**輪郭が標準的な卵形で、顔パーツも大きすぎず、小さすぎずバランスがいい**のですが、1カ所だけ配置に特徴があります。

それは、**鼻と口の間**です。**ここの間隔が標準より短い**人は、理性よりも感情が先走るタイプが多いです。

そのため、頭では理解していても、感情が揺さぶられるでき事があると、咄嗟に違った行動をしてしまうのです。

その他の特徴としては、**アヒルのように口先を尖らせた表情**が多い人です。

本人は意識的に「おとなしいけど、ちょっとやんちゃでかわいい私」というイメージを作っているのですが、それを作る余裕がなくなったときに、堰を切ったように感情が溢れてしまうのです。

また、**アゴが小さい**人も感情のコントロールが苦手なので、この傾向が強いといえるでしょう。

このタイプは少し見抜きにくいですが、髪を下ろして額を隠した髪型が多いので、これも覚えておくといいでしょう。

第5章

恋愛力・結婚力を見抜く

キャリア志向の女性の顔

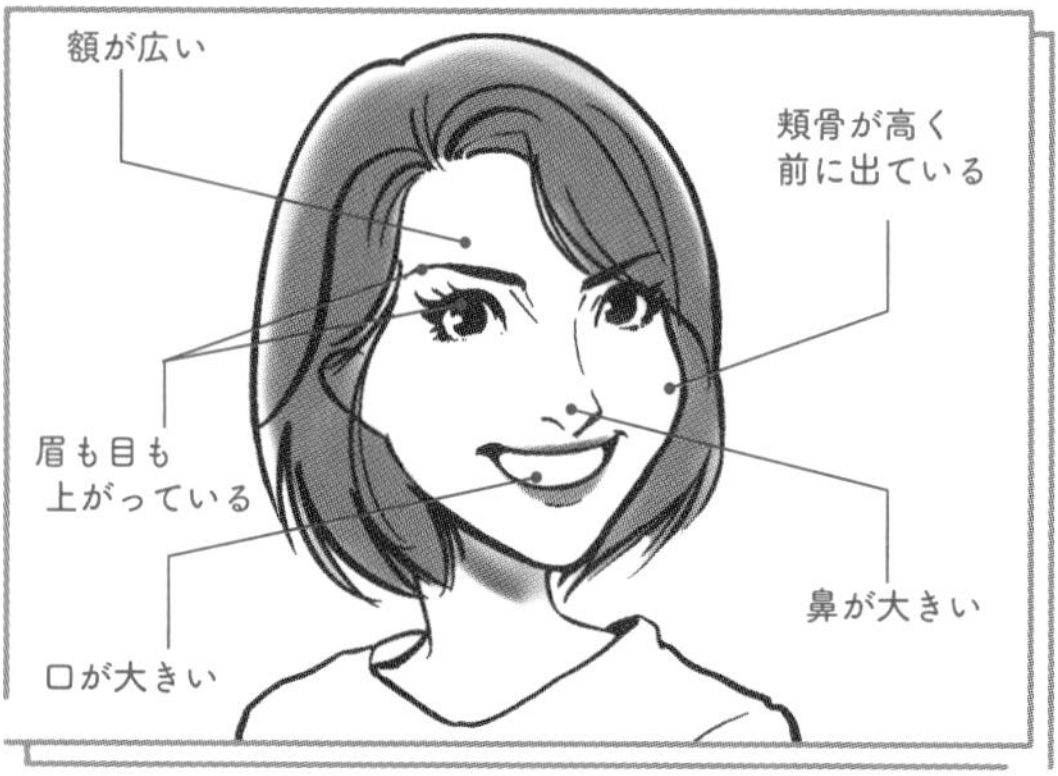

今はどうかわかりませんが、私がリクルートグループに勤めていたころは社内結婚が多く、結婚後も女性がそのままリクルートで仕事を続けるケースが非常に多かったです。また、当時から女性の管理職もたくさんいました。

昔から「リクルートは女性でもっている」といわれることが多く、1997年からは河野栄子さんという女性社長でしたし、一時期は、リクルートが発行する雑誌のほとんどが女性の編集長だった時代もありました。

そのため、働く女性の顔をたくさん見ることができたわけですが、仕事ができる女性には、基本的にこのような共通の特徴がありました。

①額が広い
②頬骨が高く前に出ている
③鼻が大きい
④口が大きい

これらは、顔相的に自己主張の強さや積極性を意味する特徴です。

特にポイントとなるのは頬が前に出ていることで、この顔相は仕事を通して自己実現を図りたい人の特徴です。

また、どんどんキャリアを積んで昇進したい上昇志向の人に多いのは、眉が上がっていて、目も上がっている顔相。元の顔がそうではなく、メイクで「上昇志向顔」を作っている場合も、キャリア志向の女性だと判断することができます。

いずれにしろ、この顔相の女性は「仕事命」といってもいいほど、恋愛や結婚（家庭）よりも仕事を最優先に考えます。両立させるには、よく話し合って、人一倍パートナーの理解を得ておく必要があります。

専業主婦（夫）志向の人の顔

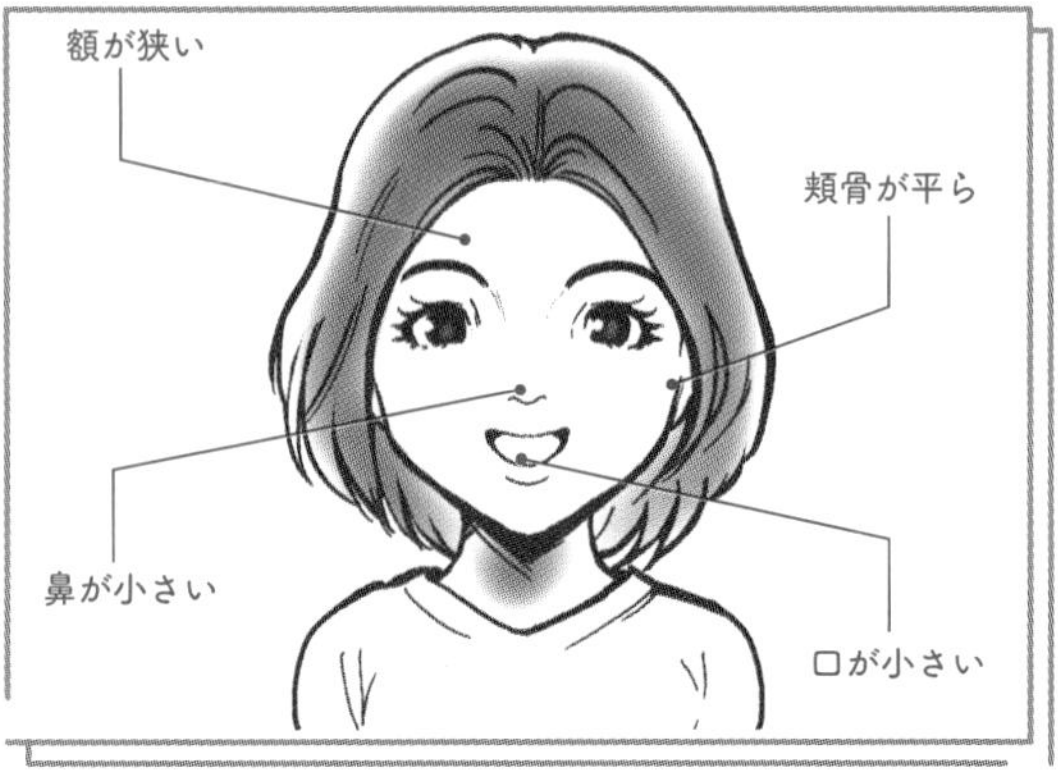

では、キャリア志向とは逆の結婚後は仕事を辞めて「家事に専念したい女性の顔は？」となると、「キャリア志向」とは真逆の顔になります。

つまり、

①額が狭い
②頬骨が平ら
③鼻が小さい
④口が小さい

「額が狭い」のは、あれもこれもと興味の幅が広い欲望タイプとは真逆の「ひとつのことに集中したいタイプ」。興味や関心、意識が内に向く内向的な性格です。

その他のパーツは「我が強くなく、受け身な性格」を表します。

これらにプラスして、献身的に男につくす、いわゆる古風な奥さんになるタイプの特徴が、額の形が富士山のような形をした「**富士額**」をしていること。

眉は長くなだらかな弓なりの「アーチ型の眉」。

目は黒目の比率が大きい「黒目がちの目」で、目の大きさは小さいほうが古風な奥さん向き。

これらすべて揃えば完全に「専業主婦の顔」となります。


最近は「妻のほうが稼ぐから」と、男性が家事と育児に専念する「専業主夫」も私の周りでは見られるようになりました。

ただ、日本全国ではまだ1％に満たない割合です。しかし、夫が専業主夫になる割合は、年々増加傾向にあり、今後は増えていくと予測されています。

そんな「**専業主夫向きの男性の顔**」は、優しくて協調性があることを示す「**頬骨が平ら**」、「**タレ目**」をしているのが特徴です。

ストーカーになりやすい顔

「ストーカーになりやすい性質」の特徴は、興味や関心が狭く集中型であること、そして、愛情（独占欲）が強すぎることです。

これらの性質を持つ顔相の特徴は、まず、**集中型＝目と目の間が狭い**ことが挙げられます。

恋愛関係において、放任系か束縛系かで分けると、束縛系に当たるのがこの顔で、思い込みも激しい性格です。

次に愛情が強すぎて、独占欲まで強くなってしまうのは、**唇が上下とも厚い**愛情深いタイプ。

愛情深い人ほど、その反動も大きく、愛憎ともに激しい傾向があり、愛が執着心へと変換されてしまいがちです。

そのため、冷静さを欠いてしまい、好きだからこそ、執拗に追い掛け回すような行動をとってしまいます。

大きな特徴は以上の2点です。その他には、**目元がシャープ**で知的でクールっぽい顔は、自分の行動が正しいと思い込みやすく、**鼻が高くて大きい**人もプライドと自我が強すぎて自己中心的になりがちなため、ストーカーになる可能性が高くなります。

また、ストーカー気質は、**あまり表情のない「固まったような顔」**の人にも多いです。

束縛しがちな嫉妬深い顔

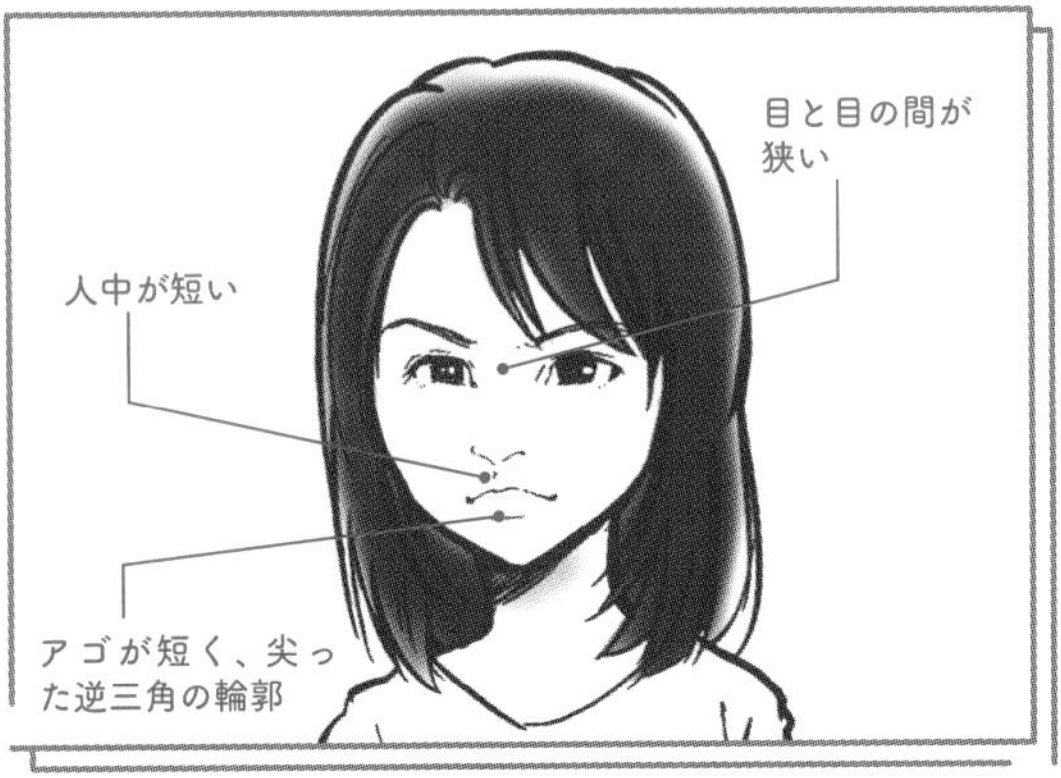

相手がいつどこで何をしているかが気になって、それを完全に把握しないと気が済まないのが「束縛系」です。

メールなどの返信が少しでも遅くなると激怒するのもこのタイプ。

この顔相は、「ストーカーになりやすい顔」と同じ特徴である「**集中型＝目と目の間が狭い**」をしていることが多いです。

思い込みが激しく「こうでなければならない」「こうあるべき」と固執する思考の持ち主です。

さらに包容力が乏しい精神的に未熟なタイプに多いのが、**アゴが短く、尖った逆三角の輪郭。**

嫉妬深いかどうかは、鼻と口の間の「人中」で見ます。「人中」は一般的に女性のほうが狭く、男性のほうが広い傾向があります。ここが短いと、理性より感性で動く傾向が強いのです。

妬みや嫉みに「おんなへん」が使われているため、フェミニズム活動家から「嫉妬」を表す漢字自体にクレームが入りそうですが、人中が狭いと「男女の関係を心配する傾向＝嫉妬する傾向」が強くなると考えられるでしょう。

自分にないものを持つ者をうらやむ「ジェラシー（羨望）」とは違い、「嫉妬」は愛の裏返しくらいに考えればいいと思います。

美人（イケメン）ばかりを狙う女（男）癖の悪い顔

「女癖が悪い」
「男癖が悪い」
そう言うと語弊があるかもしれませんが、「見た目のビジュアルが人に自慢できるかどうか」を基準にパートナーを選ぶタイプがいます。
この顔は男女とも共通しています。

経済的にも社会的にも成功した男性が、顔とスタイルが魅力的な女性（あるいは元モデル、元女優など）を結婚相手に選ぶことを「トロフィーワイフ」と言います。
自分のステータスを誇示するために、見た目や肩書きで選んだパートナーのことです。

「元芸能人と結婚」というと、成り上がり系の起業家、プロ野球選手、プロサッカー選手などが浮かびますが、一般の人で「外見至上主義」的に恋人を選ぶタイプの特徴を挙げると、こうなります。

①逆三角形の輪郭

感性を重要視して自分の美意識にこだわる

②眉と目の間が狭くてツリ目

自分の好みを曲げない、執念が強い性格

③鼻が大きくて高く鼻先が尖っている

プライドが高くて見栄っ張り

マザコンの可能性が高い男性の顔

このタイプは見抜くのが一番難しいです。母親思いが強すぎるがために、側（特に妻や彼女）から見るとその言動がマザコンに映るケースがあるからです。

「母親思いが強い人」は、**目が大きくて丸い男性**に多いです。

次に「幼児性」の観点からマザコンの可能性が高い男性の顔について説明します。

顔全体でみると　眉、目、鼻、口と、**顔のパーツの配置が下寄り**なほど、子どもっぽくて親に依存しやすい傾向があります。

「少年の心を忘れない」ともいえますが、家では母親に甘えっぱなしの可能性が高いです。

このタイプは、恋愛においても母性本能をくすぐるのがうまい「ジゴロ系」。

パーツの配置で特に重要なポイントは、**下唇からアゴ先までの距離**。ここ**が短くてアゴ全体も小ぶり**な場合は、精神的に未熟です。

好き嫌いが激しく、自分の思い通りにならないとすねたり、夫婦間のことでも親に泣きつくタイプです。

DV予備軍のキレやすい顔

眉が**急角度につり上がって下がる鎌のような形をした「鎌眉」**をしているのがキレやすい人の特徴です。

頑固さもあれば、とげとげしい性格で人間関係のトラブルが絶えない顔相です。

言葉がキツくすぐに喧嘩腰になり、暴言を吐くタイプで、手を振り上げて殴りかかろうとしたり、日常的に他者を威嚇する人です。

このタイプは**眉間にシワができている**ことが多く、ストレスを抱えているだけではなく、眉間を寄せる怒りの表情が蓄積された顔でもあります。たかぶる怒りの感情をコントロールできません。

また、男女問わず、**眉を細く整えている**場合は、几帳面な性格が裏目に出て他者をも自分の思い通りに従わせようとします。

いわゆる「**目ヂカラが強い人**」でも、にらんでいるように見える人も注意したほうがいいでしょう。

話すときに片眉が極端に上がった顔や、口の片側が上に歪む表情が多い人も、精神的なバランスが崩れている可能性が高く、キレやすいといえます。

これらに加えて、額が狭いと危険度がアップします。相手の話を最後まで聞かずに返してしまう人に多いです。

考えることなく感情だけですぐに反応してしまう、脊髄反射タイプです。

将来が不安な病弱な人の顔

結婚相手を選ぶ際、経済力や性格も大事ですが、すべての生活の基本になるのが健康です。
医者が診察で顔色を見るのに代表されるように、みなさんもある程度は顔色で相手が健康か体調が悪いかを判断できると思います。
ここでは、健康に不安がある顔のポイントを紹介します。

①肌の色艶が悪い

皮膚の色が青白く見える、潤いがない

②眉間にシワがある

「眉間にシワを寄せると、胃に同じシワができる」といわれるほど神経性胃炎になりやすい

③ 鼻の肉づきが悪く骨っぽい

鼻は健康のバロメーター。肉づきがいいほど健康的

④ 耳が薄い

鼻ほどは大きな変化はないが、弱ってくると薄くなる

⑤ 歯並びが悪い

噛み合わせが悪いとバランスの悪い体に。頭痛、肩こり、腰痛などを引き起こしやすい

⑥ アゴが短い

アゴが発達していないと睡眠時無呼吸症候群になりやすい

※睡眠時無呼吸症候群は「心筋梗塞」や「脳梗塞」を招くこともある

現代の日本では、美の基準のようになっている「小顔」はイコール「小さいアゴ」です。健康的なパートナーを選ぶには「小顔」はむしろマイナス要素なのです。

すぐウソをつく顔

詐欺師に多いのが、**左右が非対称**な顔です。

人間は基本的に左右が微妙に違っていて、それでいてバランスのとれた顔をしています。

中には「左右がかなり非対称なのに、全体で見るとバランスのとれた顔」をしているケースもあり、この場合は引っ掛かりのある「気になる顔」「魅力的な顔」になることもあります。

左右の非対称性で見るポイントは目元と口元で、3つあります。

①眉の角度が左右で極端に違う
②目の大きさが左右で極端に違う
③話すときに唇の片側の端だけが上がる

このうちふたつ以上が該当すれば要注意。

ウソばかりついていると、顔のバランスがだんだんおかしくなってきて、特に口元は、意地悪そうな口になっていきます。

また、人をだますことが常習化している人は、心理を読まれたくないため、前髪を下ろした髪型で、額どころか眉、そして目までも少し隠れた髪型をしていることが多いです。

ケチな人の顔、気前のいい人の顔

ケチな人の特徴は、**顔が大きいわりに目が小さく、口も小さくて締まっています**。

最初のデートから、お勘定は決まって「ワリカン」というタイプです。

ケチな人のもうひとつの特徴は、**鼻の穴が小さくて鼻先が**矢印（↓）のように**下を向いている**ことです。この鼻をしている人は、そもそも誰かにおごるという感覚を持っていません。職場の人と一緒にランチや飲みに行ったりという、人づきあい自体も少ないです。

普段の生活においても無駄遣いをせずにコツコツと貯め込んでいるタイプで、倹約家で貯金を趣味と

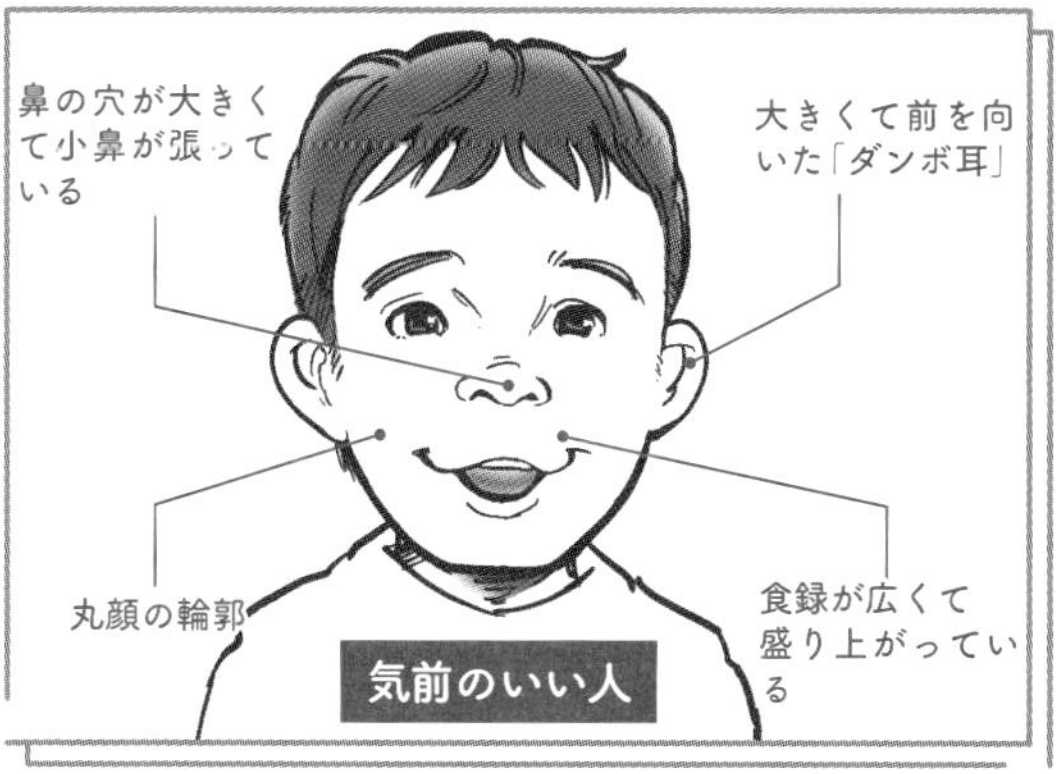

している人に多い鼻の形状です。

気前のいい人の特徴は、**耳が大きくて前を向いた「ダンボ耳」**。「金は天下の回りもの」という言葉がありますが、その通り、お金の活きた使い方がうまいのがこのタイプです。

気持ちのいい金の使い方で雰囲気作りもうまいので、おごられるほうも気分よく飲んだり食べたりすることができるでしょう。

また、**鼻の穴が大きくて小鼻が張っていて、食録**（鼻と口の間の両脇）**が広くて盛り上がっている**ような顔相は親分肌。部下や自分より年下にはお金を払わせない人が多いです。

気前がいい人の輪郭は丸顔か、丸顔に脂肪が乗った正方形のような形で、タテ幅がない人が多いです。

意識高い系女子の顔

「意識高い系」というと、今では「言動や姿勢に対して中身や成果が伴っていない人」を揶揄する言葉として定着した感があります。でも、本来は、自分にストイックで仕事もプライベートもより高み目指して頑張る、アクティブでポジティブな人のことだと思います。

ただ、自己顕示欲と承認欲求が強く、人脈作りやスキルアップに熱心で、インプットとアウトプットを欠かさず、SNSを見ているとインフルエンサー気どりに見えてしまうような人です。

女性の場合は、仕事自慢だけでなく、社会や政治に対して自分の意見を発信し、美容やファッションにも気を配り、基本的には高価な物を身につけるけど、人と同じブランドを避け、自分の感性をアピールしたがるのが特徴です。

このような「意識高い系女子」の顔の特徴をまとめるとこうなります。

パーツの配置は**目と目の間隔が狭い「内型」**の配置。
輪郭は**エラが張ったホームベース型**で、アゴがグイッと前に出てた自信家。
鼻先が大きくて丸く、小鼻が張ったニンニク鼻。口は大きめで口角が上がっています。
髪型は**ショートカット**なことが多く、額は7割以上出ていて、眉と目は少し上がり気味で目はキラキラと輝いています。

このタイプは外野の声は耳に入れず、何があってもへこたれず、強烈なパワーで願望を実現させていきます。

第6章

表情・しぐさで人を見抜く

「ユニバーサル表情」で見抜く。

心理学では、人間のコミュニケーションの中で言葉（バーバルコミュニケーション）の内容が占める割合は7％ほどにすぎず、93％がノンバーバル（非言語）コミュニケーションによって伝達されているといわれています。

このノンバーバルコミュニケーションの中で基本といえるのが表情を読むことです。人間は口ではウソがつけても、顔ではウソがつけません。

ポーカーフェイスを気取って、気持ちが表に出ないように隠しているつもりでも、顔の筋肉は微妙に変化して、表情として現れます。

もともと、人間は相手の表情を読みながらコミュニケーションをとってきました。表情研究の第一人者ポール・エクマン博士の「普遍的な6つの表情」があります。2019年の京都大学の研究では、最近の日本人では幸福と驚き以外の表情はこれらと異なるという報告がありましたが、ここでは世界共通の「ユニバーサル表情」について解説します。

ユニバーサル表情でわかる心理的特徴

●幸福

口がヨコに開き口角が上がる
頬が隆起する
ほうれい線（鼻の脇からのシワ）がクッキリ出る
目尻が下がる（中には上がる場合もある）ことによって目尻にシワができる
※両頬や口の周りに大きな変化が見られる。

●嫌悪
上唇が上がる
下唇が上がり前に突き出る
鼻にシワが寄る
眉頭が内側に寄り下がる

●驚き
眉全体が上がる
上まぶたが上がる
額にヨコジワができる
アゴが下がって口が開く

※両眉や鼻の周り、口の周りに大きな変化が見られる。

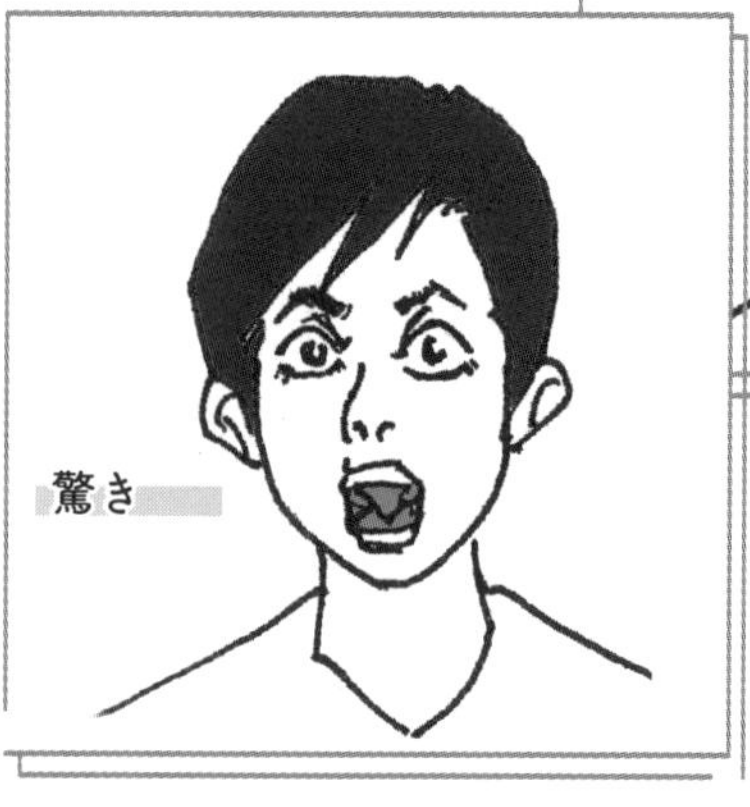

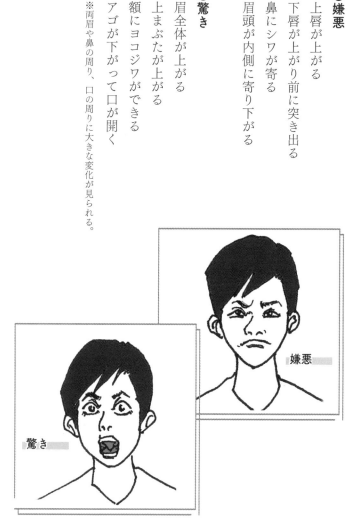

●**悲しみ**

眉頭が上がり両眉がハの字になる
眉間にかすかにハの字のシワができる
口角が下がり口がへの字になる

●**怒り**

眉頭が内側に寄り下がる（眉尻は上がる）
眉間が動き垂直なシワができる
下まぶたが上がる
目が緊張し細くなる
口角がヨコもしくは斜め下に広がる
口がピッタリと固く閉じる。または四角く開く
（唖然とした表情に近い）
鼻の穴が開く（小鼻がヒクヒク動くと怒りが大！）

※両眉や鼻の脇、口の両脇に大きな変化が見られる。

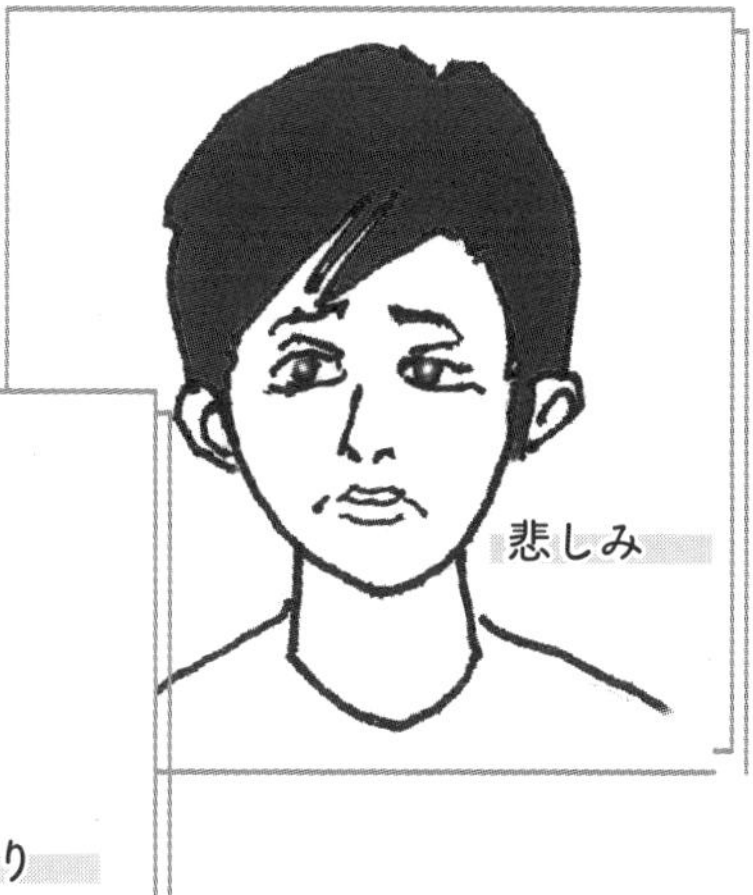

●恐れ

眉頭が内側に寄り上がる
目頭と眉頭の間が広くなる
目が見開き白目の部分が多くなる
上唇と下唇は開き口はヨコや斜め下に広がる

最近の研究では「**軽蔑**」も普遍的な表情であるという発表があります。

「軽蔑」の特徴としては、「片側の口角が斜め上に上がる」「顔が斜めを向き、視線も斜めになる」が挙げられています。

恐れ

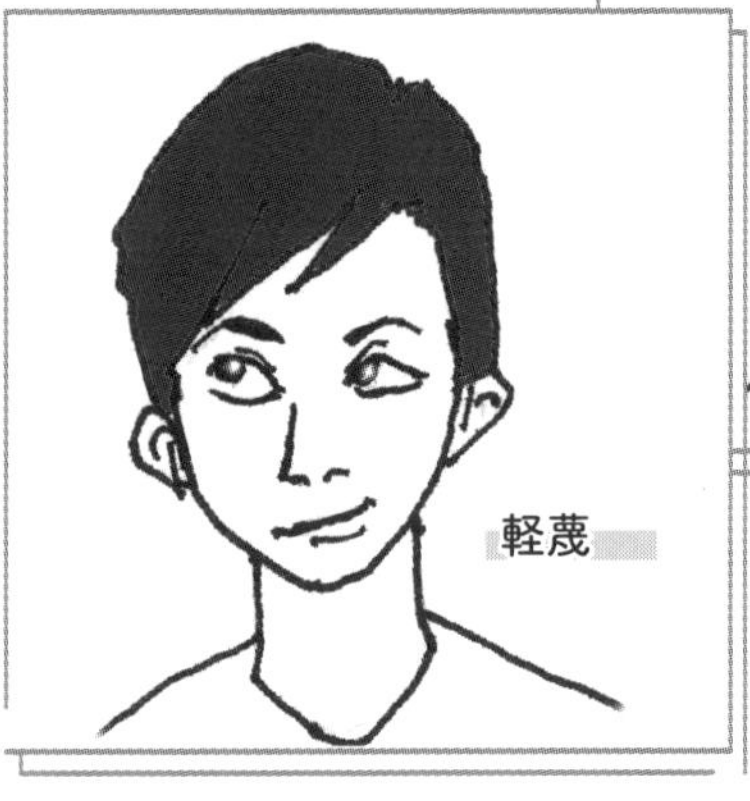

軽蔑

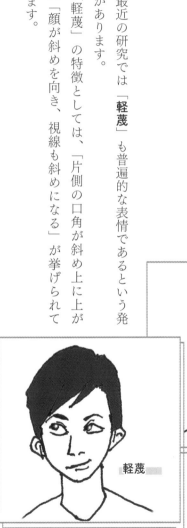

目の動きでウソを見抜く。

NLP（神経言語プランニング）理論という、人間のコミュニケーションに関する理論があります。最近はビジネスにも応用されているので、ご存知の方もいるでしょう。

この理論に基づいて、視線の動く向きから、相手が視覚や聴覚など、感覚のどの部分を使って情報を処理し、言語化しようとしているのかがわかる方法があります。

さらにこの「視線解析」を利用して「ウソ」を見抜く方法があります。

「昨日、何してた？」とあなたが質問します。

相手の視線が右上に動いたとき

↓「真意とは別のことをイメージし、ウソを言おうとしている」

相手の視線が左側（左上・左下）に動いたとき

↓「昨日のことを思い出そうとしている」

と、判断することができます。

視線の動きでわかる言語化の位置

視線が右上を向いたとき
新しいイメージを創造しようとしている

視線が右下を向いたとき
味覚や臭覚、触覚など、味や体の感覚をイメージしている

視線が左上を向いたとき
視覚（人の顔の形など）の過去の経験を思い出そうとイメージしている

視線が左下を向いたとき
聴覚（声や音、会話）の感覚をイメージしている

※NLP（神経言語プランニング）理論…1970年代にアメリカで心理学を学んでいたリチャード・バンドラーと言語学者ジョン・グリンダーによって体系化された。NLPとはNeuro（神経）Linguistic（言語）Programming（プログラミング）の略。

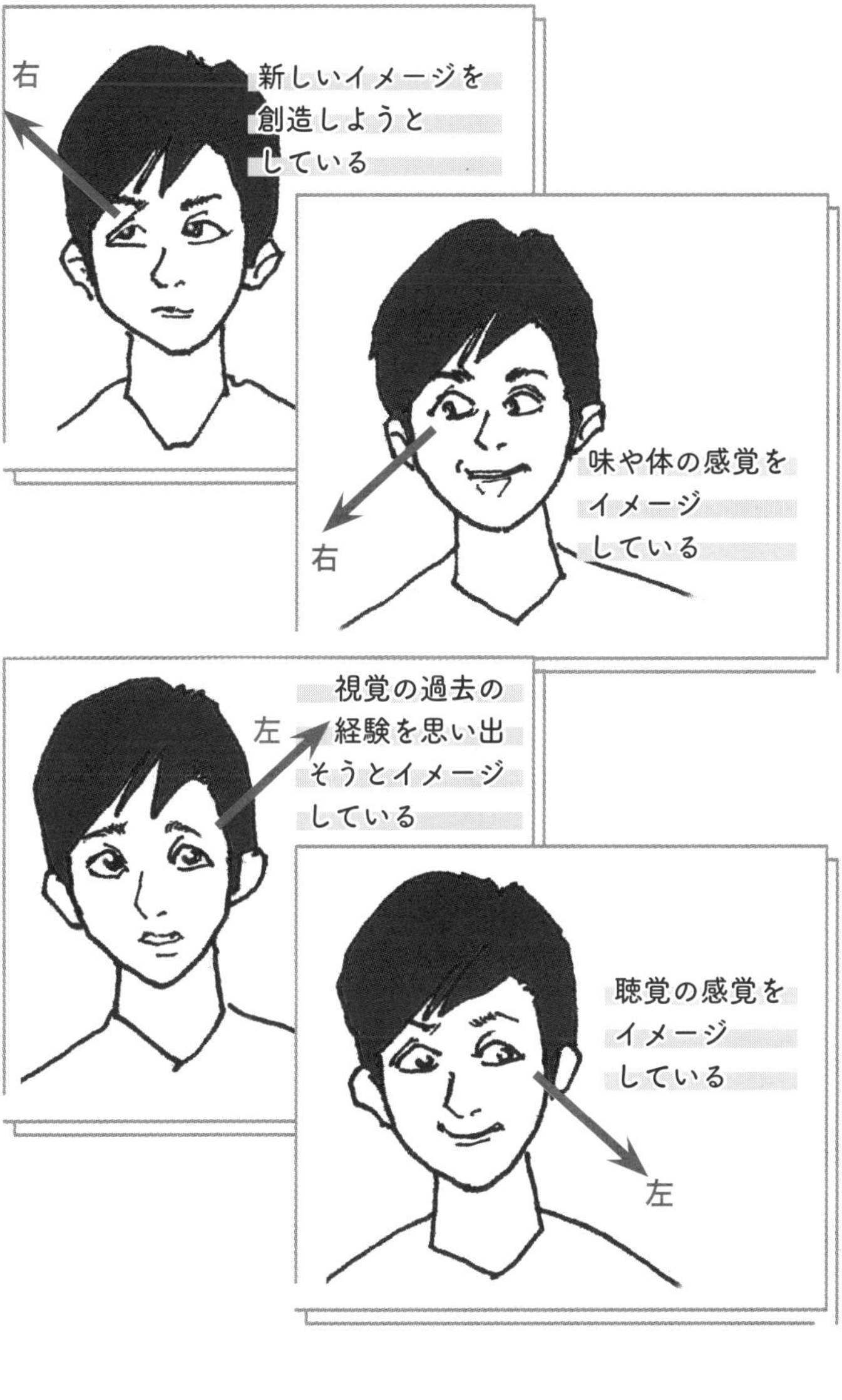
右
新しいイメージを
創造しようと
している
味や体の感覚を
イメージ
している
右
左
視覚の過去の
経験を思い出
そうとイメージ
している
聴覚の感覚を
イメージ
している
左

しぐさでウソを見抜く。

先に「人間は言葉ではウソがつけても、顔ではウソがつけません」と書いたように、人間はウソをいうときも顔に出てしまうため、顔の一部を隠そうとします。

他にも、手足の動きなどでもわかる「ウソを見抜くためのしぐさ」があります。

●鼻を隠す

顔の中でも唯一突起した部分である鼻は、観相学では自分を表します。

「自」という文字は「鼻」の象形で、これは「私が」と自分を表すときに鼻を指さすので、自分の意に転用されました。

「自分を表す鼻」を隠すしぐさは「自分の本心を隠す」行為と考えていいでしょう。

また、ウソをつくときは「鼻の穴がふくらむ」ため、それをしているのです。

ただし、「鼻を隠す」しぐさは、照れているという可能性もあります（照れている自分を相手に読みとられたくない。「だからそれを隠す」心理の現れです）。

●口を隠す

余計なことは言わないようにしようとする心理の現れです。

ですので、このしぐさの直前の言葉がウソである可能性が高いです。

●会話中にやたらと手足を動かす

「メガネを外してかけ直す」「メガネをずり上げる」といった動きは「自分の本心を読みとられない」ようにするためのカモフラージュです。この行為が頻繁に行われる場合は、会話中にウソを言っていると見ていいでしょう。

会話中に頻繁に腕を組む、脚を組み直すという行為も防衛本能の現れなので、腕や脚を組む直前の言葉がウソである可能性が高いです。

●女性のウソ

「ウソ」というと、男性よりも女性のほうがウソをつくのが上手です。女性は男性よりも「ウソを見抜くためのしぐさ」が少なく、そのぶんウソを隠すのがうまいといえます。

だけど、女性特有の「ウソを見抜くポイント」があります。女性が男性にウソをつくとき、必ず相手の目を「私を信じて」と言わんばかりに凝視するのです。

顔を触るしぐさで見抜く

●眉を指先で触る
心の動揺を隠している
※表情に変化が表れ、動いてしまう眉を悟られまいと無意識のうちに指を眉に持ってきて押さえようとする。

●唇を指で触る
不安な状態から回避したい。安心感を求めている
※乳児期に母乳を吸っていた記憶がよみがえり、唇に触れる。

●頬に手を当てる
喜びの感情が増してきた状態
※しかし、頬づえをつくのは寂しくて満たされていない状態。

●口に手を当てる
眉を触るのと同様で、心の動揺を隠している状態
※拳を作って口に持ってくるのも同じ。

心の動揺を
隠している
安心感を
求めている
喜びの感情が
増してきた
心の動揺を
隠している

このように人間は、表情の変化によってイヤでも気持ちが顔に出てしまいます。

だから、それを隠そうとするのです。

その隠そうとする行為が、今度は無意識のうちに「しぐさ」として現れます。

特に顔の一部を触るしぐさ（頭や耳も）はウソを隠したい心理であることが多いです。一瞬で相手の心理を判断できるので、覚えておくといいでしょう。

まばたきが多い人。

初対面でまばたきが多い人は、気が小さい

本来、まばたきには目が乾いてしまわないように、涙が角膜をうるおして洗浄する役割があります。

平均すると1分間につき男性が20回、女性が15回程度まばたきをするといわれますが、緊張すると喉が乾くのと同じで、目も乾くので、まばたきする回数が増えます。

このことから、**初対面でまばたきが多い人は、気が小さい**可能性が高いということがわかります。

精神的に不安定でプレッシャーに弱い人に多いのです。

もしかしたら、立場的にあなたのほうが上で、相手はあなたに失礼がないように意識しすぎて緊張しているのかもしれません。あなたとの面談をとても重要と考えているために緊張している可能性もあります。

たとえば、昔は雑誌の取材を対面ですることが多かったのですが、私がこういう職業をしていることもあり、アイコンタクトをとっただけで「見抜かれてる」と体がガチガチに固まって、まばたきを繰り返すライターさんが何人もいました。

こうした場合は、あなたのほうから先にたわいもない話をして、リラックスさせてあげることが、いいコミュニケーションにつながります。

また、**普段あまりまばたきをしない人が、頻繁に目をシバシバさせるときは、不安や焦り**が出ている証拠。

緊張が頂点に達しているため、自分がまばたきしていることを認識しておらず、まばたきを抑えることもできないのです。

いくら口調がしっかりしていたとしても、不安な心が目の動きになって表れるのです。

同時に**話すスピードも速くなる**ようなときは、間違いなく動揺している証拠で、触れら

れたくない話を変えようとしているか、自分が言ったウソがばれるのではないかと焦っているのです。

逆にまばたきが少ない人というのは、自制心があり、精神が常に安定している人です。人の命をあずかるような仕事であるパイロットや医者に、まばたきが多い人はいません。

会話中に目がキョロキョロする人。

目には心が表れます。その目が動くということは、心が動いているのです。

単に「目がキョロキョロ動く」といっても、その動き方によって心の状態も違います。

たとえば、視線が定まらず目が泳ぐようにキョロキョロしている場合は、**精神的に追いつめられている状態**です。

逃げ場を探していて、今すぐこの場から逃げ出したいけれど逃げることができないので、どうしようもなく目だけが不安定に動くのです。

初対面で目が泳いでいるような人は、まばたきが多い人と同様に、気が弱く意志も弱い傾向にあります。

このケースとは違って、顔はこちらを向いているのに目だけが、あっちを見たりこっちを見たりする場合は、**落ち着きのない人**です。

集中力がない人に多い表情ですが、必ずしもそうとばかりはいえません。集中力が高い人でも、全く別のことを考えようとしていて、その迷いが目の動きになって表れている場合もあるのです。

「会話に集中したいけど、他のことが気になっている」わけです。

この「キョロキョロ動く」スピードが早くなってきたならば、相手はもう「心ここにあらず」の状態なのです。

あなたが話している内容が全く頭に入っていないので、いったん会話を休止し、電話の時間を与えたり、時間が許すならば、続きを別の日に改めたほうがいいでしょう。

早くしないと
会議が始まる…。
この商品は…
精神的に追い詰められると目がキョロキョロする

表情がない人。

キラリ
ビジネスに感情はいりませんよ。
自制心が強い
論理的思考の
持ち主

日本は長い間、表情を露わにせず内面を隠すのが美徳とされる文化の国でした。国際化した現代においても、他の先進国の人より、表情が少ないです。

そんな日本人でも、ビジネス、プライベート問わず、初対面のときは「好意的に接しようとしている」ことを相手に伝えるため、基本的に口角を上げ眉全体を上げる＝好印象を与える表情をします。ところが近年、特に若い人で、初対面時に無表情の人が増えました。

なかには会話全体を通して表情を変えずに話し、表情を変えずに聞く人もいます。

ビジネスの場面でそっけなく無表情な人は、ビジネスとプライベートを完全に分けて考える人、**「ビジネスライク」に振る舞うことを意識しすぎている人**です。

「ビジネスにおいては、少しでも感情を入れてしまうといい仕事ができない」という意識から、必要以上に自制心が強くなっているのです。

傾向としては、もちろん**論理的思考の持ち主**です。

必ずしも警戒心が強く慎重なタイプというわけではなく、むしろドライに割り切って話すため議論の展開が早く、交渉ごとがスムーズに素早く決まるケースのほうが多いです。

この手のタイプに対しては、相手の表情が読めないからといって、それに気をとられないことです。こちらもマイペースを心がけましょう。

それではプライベートの場面において、絶えず無表情な人とはどういう人でしょうか。

こういうタイプは、人見知りが激しいというのではなく、**警戒心が強すぎる人**なのです。こちらがどんな人かわかるまで自分を隠そうという意識が強く、ボロが出るのを恐れているのです。

口数少なく気どっているだけなので、気づかって無理に話を振る必要もありません。

表情がよく変化する人。

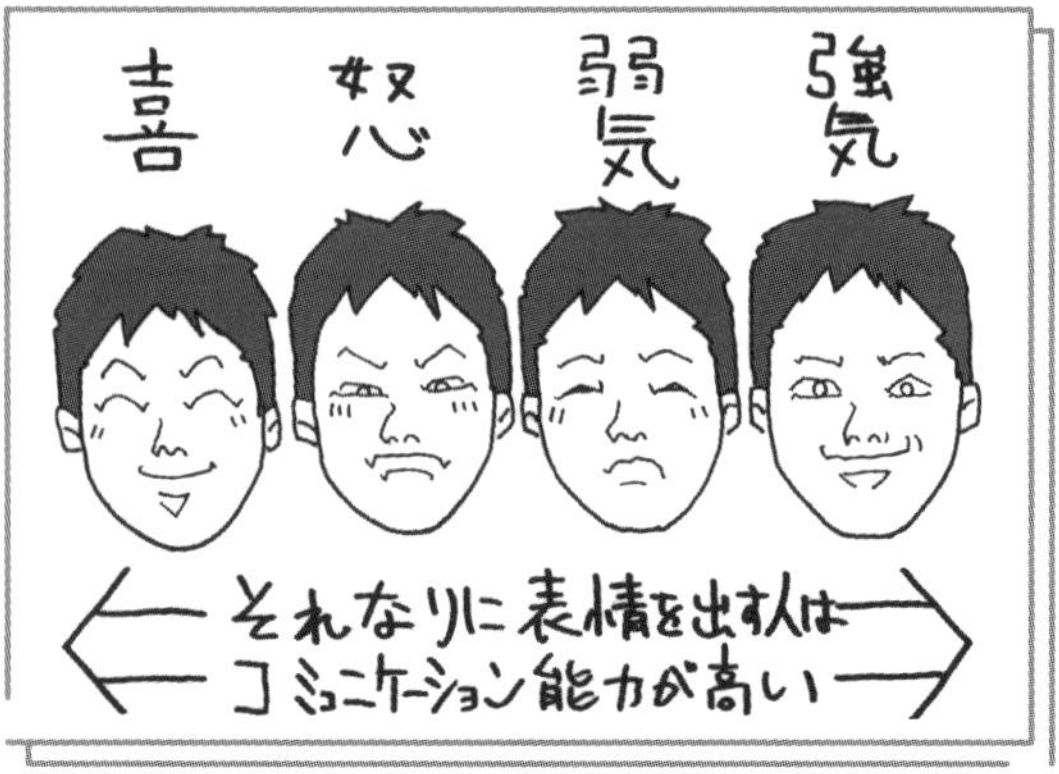
喜
怒
弱気
強気
それなりに表情を出す人は
コミュニケーション能力が高い

顔の表情によってコミュニケーションするのが、人間が他の動物と大きく違う点。表情がよく変化する人は人間らしい人ということができるでしょう。自分の感情を表情に出し、積極的に相手とコミュニケーションをはかろうとしているのです。

喜怒哀楽の表情があってこそ人間なので、悲しみを表情に出してもいいのです。無感動、無表情の人というのは人間的ではありません。

常に笑顔でいる人よりも、表情にメリハリのある人のほうが信頼できます。**喜怒哀楽がちゃんと出て表情が豊かな人のほうが、感受性が豊かでコミュニケーション能力が高いのです。**

ただし、なにごとも加減が大切で、度がすぎて大袈裟に表情を変化させる人は問題です。子どもが親の気を引くときに大袈裟に泣いたり笑ったりするように、そんな表情が多い人は、**自制心が足りない、子どもっぽい人**といえるのです。

また、ちょっとしたことでいちいち軽々しく感動を表現する人も、短絡的で子どもっぽい性格の人です。

気をつけたいのは、わざと表情を作って大袈裟に喜ぶ人です。このタイプは表裏が激しく、今まで話していた人がいなくなると、とたんに表情を曇らせてその人の悪口を言ったりします。喜び方が演技っぽいのが特徴で、男性よりも女性に多い傾向があります。

このようにいくつか注意すべきポイントはあるものの、あいまいな表情をする人よりも、表情がよく変化する人間らしい人のほうが、ますます国際化するビジネスの社会では信頼感を得られます。

恋愛についても同じで、男女とも表情の変化がある人のほうがモテます。

特に女性は、無表情でクールな人よりも、瞳がくるくるとよく動く人のほうが、男性の気を引くことができます。

上目づかいの人。

男性の場合、**肝っ玉の小さい人**に多い表情です。普段からうつむき加減で、会話のときも首を起こさずに上目づかいで相手を見るのは、**自信がない**証拠。

相手と目を合わせるのが怖い心理の表れで、相手がどう思っているかをうかがおうとしていたり、相手を頼りにして従おうとしているときにもよくする表情です。

この表情が多い人は、おのずと下唇が上唇より前に出てくるので、ヨコから見たときに三日月のような反った顔になります。目も瞳の下の白い部分が見える**三白眼になりがち**です。

「どうせ俺はダメだから」といった**卑屈な気持ちがイジケ顔になって表れる**のです。

また「どんなことでも人に頼る」という習慣が身についているので、社会人になっても先輩や上司に頼ってばかりで自立ができません。

このタイプは気も小さいものだから、会社を休む、あるいは辞める際も自分から上司に伝えることができず、親に電話してもらうというケースもあるほどです。

女性の場合もこの表情が多いと卑屈なタイプですが、普段そんな表情をしない人が男性に上目づかいをする場合は、**甘えているとき**です。相手を頼りにしている、お願いしているポーズなので、ふざけてやっているケースを除いては子どもっぽい性格と判断していいでしょう。

また、上目づかいといっても、アゴをグイッと引いて見据えるような表情の場合は、こちらを疑っているときの表情です。

下からにらみつけるような表情なので、簡単に見分けはつくでしょう。

目を見開く人。

眉全体が上がり、目を大きく見開いた表情は、基本的には驚きを表します。

しかし、特に驚くような場面でもないのに、目を見開いて話したり聞いたりする場合はどうでしょうか。

この場合、ふたつのケースに分けられます。

ひとつめは、**気が弱く怖がりで、何でもないことにもビクビクするタイプ**。相手の発言に対して、ちょっとしたことでもいちいち驚いては目を見開いて固まるのです。また、自分が話をするときに目が泳ぐのを意識して抑えるため、目を見開いて集中しているケースもあります。

ふたつめは、**強引なタイプ**。自分の意見を押し通そうとする際や、説得しようとする際に、相手の目を見つめ、目に力を入れて大きめの声で威圧的に話す人です。

この場合も、力が入ってる時点で本当は気が弱い人だと判断できます。本当に気が強い人はあくまでも自然体です。

どちらのタイプかは、声のトーンでもわかりますが、表情に関していうと、ひとつめは驚きや恐怖に近い目の見開き方で、ふたつめは怒りの表情に近い目の見開き方になります。

ひとつめは特に問題ありませんが、ふたつめは本当は気が弱いとわかっているものの、なかなか厄介なタイプです。

相手が必死に力を入れれば入れるほどあなたは平静を装い、冷静に相手の話を聞いて、疑問点や矛盾点を落ち着いて指摘すべきです。

相手のロジックにボロが出てきたところで、助言するように相手に考えさせるのです。

このタイプは議論している相手の意見を受け容れようとしないので、上手にあなたが考えている落としどころに誘導し、その人本人が結論を導き出したようにさせるといいでしょう。

口元が締まった人、口に締まりがない人。

口元の締まりは気持ちの締まりとイコールです。

常に口元が締まっている人は、それだけ気持ちも引き締まっていて、常に口元がポカンと開いている人は、気が緩んでいて心に隙があるということです。会話中に口元が締まっている状態というのは、こちらが話すことを真剣に聞いていて、会話に集中していることを表します。

仕事中、一人のときでも口元が締まっていることが多い人は、それだけ真面目に仕事に取り組んでいると考えていいでしょう。**仕事に対する責任感が強い人**なのです。

このように、口元は締まっているほうがいいのですが、いつもギュッと強く口を真一文字に結んでいると、いいパフォーマンスを発揮できません。**口元の締まりが緩急自在なほうが、リラックスした状態をキープできる人で、仕事もデキる**ことが多いです。

会話中の口元だけで判断するならば、自然な笑顔が出る人のほうが、社交的で協調性があり、前向きな性格です。

笑顔をあまり見せずに意識的に閉じているような人は、厳格さや誠実さはありますが保守的な人です。自分にも他人にも厳しい傾向があります。

はにかんだような笑顔が多い人は、人間関係において何かトラウマがあるので、どうしても影のある不安定な口元になります。

舌やのどちんこ（口蓋垂）が見えるほど口を開けた笑顔の人は、子どもっぽい性格。なにごとも持続性がなく自由奔放なところがあります。

歯茎を丸出しにして笑う人は、開放的な性格ですが、そのぶん警戒心が足りません。

上の歯が見えずに下の歯だけが見える笑顔をしている場合は「同意できない」「納得していない」表情で愛想笑いのときになりやすいです。

アゴを上げて話す人。

最近は上司や先輩、なかには取引先に対しても敬語を使わず、「タメ口」で話す若い人が増えています。

別に、相手をナメているわけではなく「フレンドリー」のつもりの人が多いようです。

ところが「フレンドリー」ではなく、本当にナメている場合もあります。

それがこの、アゴを上げて話しているときです。

相手がアゴを上げている場合は、自分のほうが上の立場、または自分のほうが強いという気持ちになっています。本人が意識してやっているか無意識かは問わず、強気になっているのが態度に出ているのです。

たとえば、相手が肩をポンポンとたたいてきたり、触ってきたりする場合、こちらに好意的（友好的）な表現でしているケースもあるのですが、「自分のほうが上だ（つまりこちらを軽く見ている）」ということを示しているほうが多いのです。

見分け方はアゴで、相手のアゴが上がっている場合は、かなり「上から目線」になっているのです。

このアゴを上げる表情は男女間で、女性がすねるときにもよく見られます。男性のほうが遅刻してきたり、デート中の電話が長かったりすると「もっと大事にしてよ」「もっと優しくしてよ」というときにこの表情をします。これも一種の「私のほうが上なんだから」という態度でしょう。

また、アゴを上げるどころかアゴを突き出した表情を相手がしたときは、威嚇しているのです。サルもよくする、原始的な表情というかしぐさです。格闘技の試合で、試合前にレフェリーが両選手を中央に集めて簡単に試合の注意をする際、アゴを上げながら相手の肩にグローブをまわすようなポーズは、まさに相手を威嚇する態度です。

話すときに目を閉じる人。

このタイプは、かなりの策士です。

「頭がいいか馬鹿か？」と問われると明らかに頭がいい人です。

第1章で「目は心の窓」だと書きました。目は脳とつながっているので、どうしても脳で考えている本心が目の動きになって表れるのです。

話すときに目を閉じることが多い人は、目を閉じることでその心の動きをシャットダウンしているのです。

会話中の相手に自分の目の向きや動きを悟られないようにするための、高等テクニックです。

でも無理すれば
できますよネ
なんだそりゃ…
会話の
駆け引きに長けた
かなりの策士

もちろん、一時的に外界の風景をシャットダウンするので、自分の内面に問いかけやすくもなっています。そのため、頭が混乱しているときに、整理し次の展開をどうしようか考えている場合もあります。

なかにはもともと混乱しやすいタイプの人がこの表情をするケースもありますが、基本的には会話の駆け引きに長けた人が多いです。

詐欺師には〝似非科学系〟の早口タイプと〝霊感系〟の目を閉じるタイプの2種類がいます。

おわりに

最後までお読みくださいまして、ありがとうございました。

「顔って面白い！」「人間って面白い！」と思っていただけましたか？

本書では、メイク、髪型、メガネなどによって「相手からこう見られたいという」セルフプロデュースする側の心理を裏から見抜く話をたくさんしました。

裏話を紹介すると、著者略歴の私の似顔絵、最初に小河原智子さんからいただいたラフではもっと「知的でクール」なイメージでした。私のプロフィール写真から「そう見られたい」という心理を見抜かれて、それをデフォルメした似顔絵だったのです！

私は、顔の研究をするはるか昔の幼いころから似顔絵を描いてもらうのが好きでした。実物よりカッコよく描いてもらったり、逆に全然似てなかったり……。「もしかしたら、自分が見ている自分の顔と絵描きさんが見ている自分の顔は違うのかな？」なんて考えたこともありました。

リスボン、アムステルダム、大連、ロサンゼルス、ニューヨーク、そして、日本各地と100枚以上の似顔絵を描いてもらってわかったことがあります。「顔は見る人によって違って見える」、「顔は見る人の見方によって違って見える」ということです。

私が詠んだ川柳に「似顔絵を描かれてわかる我が心」があります。「自分の顔は人にどう見られているのか」を知りたいときは、似顔絵を描いてもらうに限ります。いろんな顔に描かれると思いますが、そのすべてがあなたの顔なのです。「顔」は見る人と見られる人の間にあるのです。

人間の顔、人間の性格、人間の心は非常に複雑です。本書では、パーツについても「○

○な人の顔」についても、わかりやすくポイントを絞って書きましたが、あくまでも傾向です。本書を顔を見る「はじめの半歩」としていただけたら幸いです。

この本にはボリューム的に書けなかった、表現的に書けなかった（たとえば「極悪人を見抜く」など）、そして私もまだ知らないことなど、他にも「正解」があるのです。

テスト中心の学校教育の弊害によって「正解か間違いか」のゼロイチ思考の人が増えていますが、「正解」は自分で決めるものです。「はじめに」で書いたように近い将来、ＡＩで顔から性格を見抜くことが可能になります。でも、それをＡＩに頼っていたらもったいないと思いませんか。せっかく人間に生まれてきたんだから、人間同士でやりましょうよ。

さて、これを書いているのは、「マスクの着用は個人の判断」となった2023年3月13日の3日後です。百貨店、スーパー、コンビニ、外食チェーンなどは「来店客に対するマスク着用要請」をやめました。しかし、現状はまだ「従業員はマスク継続」の方針をとっています。そして、街を歩くと9割以上の人がまだマスクをつけています。

そもそも、世界的なコロナパンデミックの前から、日本では、晩秋・冬・春にかけてはマスクをする人が多い「日本特有のマスク文化」がありました。
以前、私も講演の際、〝外国人には異様にうつる日本人のマスク集団。女性は「化粧していないのを誤魔化す」、男性は「ひげを剃っていないのを隠す」などの理由がありますが、特に多いのは若い女性です〟と話していました※。

「化粧」というと、「メークアップ＝顔に何かを塗ってきれいに整えるもの」とイメージすると思いますが、広義には「外見を美しく飾ること」を意味します。「入浴・洗顔・洗髪・歯磨き」などの衛生行為から、美容院や理容室でのヘアカット、パーマ、さらには、タトゥー、脱毛、植毛、ヒゲ剃り、そして、衣服を着る行為やアクセサリーを身につけることなど、身体表象のすべてが「化粧」といえるのです。

村澤博人先生（化粧文化研究者ネットワーク初代代表、元大阪樟蔭女子大学教授・元日本顔学会副会長）は「化粧をすることで我々はヒトから人間になった」という風にいっています。

メガネも視力矯正のためだけでなく、顔の一部であることから「化粧」といえるのですが、「マスク」はどうでしょうか。日本人のマスク好きは、平安貴族が扇で顔を隠したり、江戸時代には御歯黒や眉剃り、白塗りで顔を隠すなど「顔隠しの文化」があったからだという説もあります。

メガネ同様マスクも「化粧」と見ることもできますが、我々人類は顔面から眉毛とまつ毛とヒゲ以外の毛をなくし、表情を豊かにし、顔でコミュニケーションを図ることで、助け合いながら進化してきました。

マスクが「顔を美しく飾るため」ならば「化粧」ですが、「顔を隠すため・表情を隠すため」ならば、コミュニケーションを拒否していることになり、それは人間らしい生き方ではないと私は思います。

あなたの「顔」は、あなただけのものではありません。共同生活をしていくために他者に見せる「社会の一員としての顔」でもあるのです。

※2017年に兵庫県尼崎市のシャレコーベミュージアム（世界で唯一の頭蓋骨博物館）で行った『【仮装 変装 変身】ハロウィンだからマスクとコスプレを考える。～プロレスの覆面を中心に～』講演

あなたが先に顔を見せることで、顔を見せ合う社会にしていってください。

最後に、この本に関わってくださったすべての方々と、読者のみなさまに感謝し、みなさまのご多幸を心よりお祈り申し上げます。

2023年3月16日

池袋絵意知

本書は、『顔面仕事術』（2005年 ソフトバンクパブリッシング）、『3分で人を見抜く』（2008年 明日香出版社 ※野中聖治名義）、『3秒で人を〈顔相から〉見抜く』（2009年　明日香出版社 ※野中聖治名義）を元に大幅に加筆・修正をしたものです。

1分で見抜け！　顔やしぐさでわかる本当の性格

2023年　5月 21日　初版発行

著　　者　池袋 絵意知
発 行 者　石野栄一
発 行 所　明日香出版社
〒112-0005　東京都文京区水道 2-11-5
電話　03-5395-7650（代表）
https://www.asuka-g.co.jp

印刷・製本　シナノ印刷株式会社

 ISBN 978-4-7569-2273-1

[著者]
池袋 絵意知（いけぶくろ・えいち）

観相家、顔研究家、顔面評論家。

1966年、福岡県生まれ。リクルートでの11年間の営業職（書店営業、人材総合サービス企画営業）を経て顔研究の道へ。古くからの観相学だけでなく、自然人類学や色彩心理の研究を取り入れ、独自の顔面観相術である「ふくろう流観相学」を確立する。2001年から「顔相鑑定士」として雑誌、テレビ出演等の活動を開始。現在はWebを中心に『池袋絵意知の人気のあの人どんな顔』（fumumu）、『池袋絵意知の顔面学講座』（楽活）、『大阪から池袋絵意知です！』（週刊てりとりぃ）を連載中。著書に『顔面仕事術』（ソフトバンクパブリッシング）、『あなたは何顔美人？』（WAVE出版）など。日本顔学会会員、化粧文化研究者ネットワーク会員、美人画研究会会員。

似顔絵協力：星の子プロダクション

星の子プロダクションは“似顔絵で笑顔に”をモットーに思わず飾りたくなるような貰って嬉しい似顔絵を目指して描き続けています。小河原智子を代表作家として、関東に約20店舗を構え、似顔絵イベント出張や教室まで幅広く展開しています。創業以来30年をこえて、約200万人以上の方を実際に描くことで進化してきた独特のかわいらしさと温かい雰囲気の似顔絵は、多くのお客様にご支持をいただいております。

ISBN978-4-7569-2105-5

なぜか好かれる人がやっている 100の習慣

藤本 梨恵子 著

B６判　240ページ

本体 1500円＋税

多くの人から好かれる人がいます。でも彼ら、彼女らは、意識的に好かれようとしているわけではありません。毎日の振る舞いやちょっとした仕草が皆をひきつけるのです。マインドフルネス、ＮＬＰ、コーチング、カウンセリング、カラーセラピーなどを学んだ著者だからこそ書ける「人間関係の教科書」です。